“名家名篇进校园”系列

短篇小说选·小学卷

（第2辑）

主　　编◯高长梅
分册主编◯刘宏武

花山文艺出版社

图书在版编目(CIP)数据

名家名篇进校园系列. 短篇小说选. 小学卷. 第2辑 / 高长梅主编；刘宏武分册主编. -- 石家庄：花山文艺出版社, 2012.12(2021.7重印)

ISBN 978-7-5511-0765-5

Ⅰ.①名… Ⅱ.①高… ②刘… Ⅲ.①阅读课－小学－课外读物 Ⅳ.①G624.233

中国版本图书馆CIP数据核字(2013)第000647号

丛 书 名：名家名篇进校园系列
丛书主编：高长梅
书　　名：短篇小说选·小学卷·第2辑
分册主编：刘宏武

策　　划：张采鑫
责任编辑：董　舸
责任校对：齐　欣
特约编辑：李文生
全案设计：北京九洲鼎图书有限公司
出版发行：花山文艺出版社(邮政编码:050061)
(河北省石家庄市友谊北大街330号)
销售热线：0311-88643221
传　　真：0311-88643234
印　　刷：永清县晔盛亚胶印有限公司
经　　销：新华书店
开　　本：700×1000　1/12
字　　数：136千字
印　　张：14.5
版　　次：2013年5月第1版
2021年7月第2次印刷
书　　号：ISBN 978-7-5511-0765-5
定　　价：36.00元

目 录

mu lu

坐在高高楼顶上

立 极

一

最近我们家买了一套房子。

虽是二手房，却也是过去三室一厅的“教授楼”，在房价飞涨的滨城也不是一件容易的事儿。全家处处洋溢着喜庆的气氛，爸爸将要有书房了，我也可以拥有属于自己的房间，过去一室一厅的憋屈日子就要一去不复返喽！爸爸还对我和妈妈说，小房子卖掉之后可以买个轿车，节假日全家还可以坐车去兜兜风。这种提前进入小康社会的计划朝阳般悬挂于头顶，把前面的日子照耀成一条金光大道。

房子买完就面临装修，不过听说现在的装修可骗人了，千万不能找路边手艺，柏灵家装修的时候就吃了大亏。到处打听比较之后，定了一家小装修公司。上门装修之前，爸爸接到通知，说来的两个工人姓何，还是父子俩。那小公司经理还在电话里呵呵笑着保证，上阵父子兵，活儿一定干得漂亮！

还不到早晨7点，何姓父子就来了。两人从门口探头欲进的时候，我看见他们脸上层层铺满阳光的痕迹，那是淳朴的人们在田野里长期劳作的结果。父子俩都很谦恭，但又有所不同。父亲的谦恭是在命运的碾盘里磨过的，往下簌簌掉着岁月剥落的粉末儿；儿子说有 18 岁，他的谦恭却隐有一掠而过的骨气，那是渴望改变命运的坚韧。我喜欢这样的大男孩！

没有时间和他们多说话，我要赶着去上学了。正是槐花飘香的季节，上午的阳光格外清新，校门口很多同学鱼贯入内。在许多女生中，那个头发漆黑、眼睛亮如星辰的女生就是柏灵，五中男生传说中的校花，我们的班长。在我眼中，世上没有比她更聪慧美丽的女孩。我则什么官儿也不是，头脑里不时冒出一些稀奇古怪的念头，喜欢一边冷眼看芸芸众生一边思考生存还是死亡的重大问题，被老师称为五中的一大怪才。再加上我本人很帅，在校园的任何地方都会有美眉行注目礼。

走到教室门口，柏灵把一瓶槐花蜜塞到我手中。愣神的瞬间，光线透过粘稠的液体，将整个天空幻化成饶有意味的琥珀色背景。春天总是让少年的心情有些异样，犹如蓓蕾将开未开的迟疑。淡雅的槐香无可阻挡地萦绕过来，少女的纤手一般。怦怦震颤的胸腔顿时变作一个秘密窖藏，酿得心也甘如蜜饯。

五中是滨城最著名的美术中学，每年都向中央美院、中央工艺等输送大量顶尖的美术人才。如今国内一批新锐画家以及各级美展的金、银大奖的得主，说起来好多都是我校的学生，于是在这座城市，五中被称为进入中国美院的“黄埔军校”。

五中的学生大多自命不凡，却言必称刘老。刘老其实并不老，才 40 多岁，是我们把后面的师字简化，以表极度推崇之意。刘老全名刘振立，是本地颇有名气的画家，中国美术馆办过个人现代油画展的，在这个城市的艺术圈里轰动一时。只是他的行为方式有些怪异，比如一年四季总穿条沾满油彩的牛仔裤。天气暖和了，就把牛仔裤的下半截铰去，成了一个大短裤，底边还拆出长长的穗子，很是另类。在我们眼里，这才是艺术家风范。刘老好酒，给一帮学生上课的时候，有时竟也微醺着。不过也怪，只有这时他才妙语连珠，超脱凡俗。他的一段话在我们当中广为流传，堪称经典。他说大师的外形，头、躯干、四肢和常人有什么不同？不同的只是头脑。要想成为大师吗？那就先改变自己的头脑！

于是大家忙着改变自己的头脑，表现形式是尽可能语言另类行为不羁。美术中学稍稍宽松些，只要不越大格老师是不管的。于是乎，什么男生蓄长发女生剃光头都涌现了。我的同桌甚至把头发染成了绿色，童话里的萝卜一样在球场上飞跑。结果被他父亲好一顿修理，当晚就逼着剃了光头。外校学生称我们为一群疯子，我却不以为然。他们懂什么！疯子怎么了？凡·高就是疯子。如果能成为大师，疯了又算得了什么？！柏灵听后用指节狠敲我的头，气恼地说你想当大师想疯了！头虽差点儿被敲出包来，我心里却是甜的，就像刚喝过她送的槐花蜜的感觉。

现在的学生都人精一般，什么事情看不明白？他们对我和柏灵的倾心是看在眼里的，但苦于没有证据，只有惊羡的分儿。我们之间没有写纸条递情书的习惯，也没有暗地里可能发生的拉手拥抱什么的，更不会像有些男女生当众在一起勾肩搭背腻腻歪歪，那多没有面子！忒俗！我们的交流与众不同，是以比试聪明的方式来实现的。我们对这个游戏乐此不疲，从中滋生电流心心相印。那个时候，繁重的学习生活里，时光好像就是由一个又一个智慧的问题组成。以至于以后回忆起来，更重要的东西反倒成了一种背景，逐渐退隐着淡成一方天幕。

这是一堂写生课，我们面前是组静物：一只陶罐，一个玻璃杯，许多水果摆放在随意摊开的画布上。阳光从玻璃窗外投进来，营造出一方光与影变幻的小小时空。

美术专业的授课方式与众不同,绝大部分时间在动手。在画架鳞次栉比的遮掩下,我和柏灵坐在一起,边画边互相出题。处于提问状态的柏灵如央视王小丫一般,十分精灵可爱,浑身洋溢着一种夺目的光彩。

何亮,给你出个脑筋急转弯,要求快速回答!请听题,什么老鼠用两条腿走路?柏灵问。

米老鼠?我说。

对了,请听题,什么鸭子用两条腿走路?

唐老鸭!

嘻嘻嘻,什么鸭子都用两条腿走路!

哼!柏灵我也给你出一个,北京大白菜多少钱一斤?

北京大白菜和滨城大白菜有什么不同?这肯定不是问价……

谅你也猜不出来!

……

一斤等于多少两?

知道了,一两等于十钱,一百钱!

闭上嘴巴,画自己的!刘老觉察下面有些喧哗,及时制止了我们。

柏灵顽皮地吐了一下舌头,我向她挤了一下眼睛,两人赶紧收心在自己的画上涂抹。仿佛生长的水草一般,两幅风格迥异色彩亮丽的静物很快在画面上显现出来。余怒未消的刘老绕到身后,仔细端详了我们的作品,严肃的目光渐渐透出笑意,之后满意地踱了开去。

下课后,柏灵不甘心,找到了我。知道她不会善罢甘休,我把长发向后潇洒一甩,露出眼睛微笑着看她。我笑的时候嘴角斜斜上扬,故意透出男人桀骜不驯的阳刚,目光如炬,一副放马过来的意思。我知道她喜欢看我这种神情。

柏灵的脸色果然微红,却坚持说再给你讲个故事吧:一个旅人在沙漠里走着,后面突然出现了一群饿狼,恶狠狠地要吃掉他。他只好拼命奔跑,在沙漠上怎能跑得过狼?就在饿狼即将追上他的时候,他见到前面有口不知多深的井,不顾一切跳了进去。不幸的是这是口枯井,井底还有很多毒蛇,见到食物送上门来,都昂首吐舌,热切等待。惊慌失措的坠落过程中,他胡乱挥舞的绝望手臂竟然碰到一棵生长在井壁上的小树,他赶紧抓住骑了上去。于是乎上有饿狼,下有毒蛇,进退两难,但暂时还是安全的。就在他松了一口气的时候,奇怪的异响传来,竟然有一群老鼠正以尖利的牙齿噬咬着树根!

你是从黄易的《寻秦记》里看到的,我说。我看见柏灵的脸上顿时浮上羞色,想到那书毕竟是给成年人看的,情爱描写太多,实在有些少儿不宜。

我接着说:生死一瞬,他突然看到了眼前树叶上有一滴蜜。且不说这滴蜜的来由,这时他似乎忘记了上面的饿狼和下面的毒蛇,忘掉了快被咬断的小树,闭上眼睛,伸出舌头,全心全意只去舔尝那滴蜜的甜美……

但我要问你,我们现实中的那滴蜜是什么?柏灵板起脸。

中招了,这个女生好聪明!我在心里说,脑子里充满解不开的疑惑,是什么?

说呀。柏灵催促。

这可能是多种答案。

少废话!

我确实一时答不出,便有些恼火,那滴蜜糖从哪里来的重要吗?

重要!

那只是个寓言!

不要让我小瞧你,给你时间考虑。柏灵的话音未落,突然响起的上课铃声让人愣怔了一下,她竟然扔下我一个人走了。

二

每天放学后,我的第一件事就是去正在装修的房子里。因为学了多年美术,父亲把装修设计交给我了,他想用这件工作对我进行锻炼。我表面上大言不惭地接受了,肩上却觉得沉甸甸的。柏灵听说后,热心帮我找了很多书籍参考。那段时间我冥思苦想,整日徘徊在几个房间里,简直成了装修设计专家了。装修按照合同计划稳步向前进行着,柏灵不放心,来帮我盯了几天。之后感慨地说,她家装修的时候可没遇到这样的好师傅,干活比自己家都上心。她指着刚完工的卫生间对我说,你看这贴瓷砖的水平吧,腰线、墙角接缝绝对密细美观,连花纹都对得合理,根本挑不出什么毛病。

我们全家都很满意,气氛不知不觉就融洽起来,休息抽烟的时候便唠起了家常。滨城居民的祖上大多是从山东过来的,被称为“海南丢”。听到他们有浓重的山东口音,爸爸就详问叫什么名字?是什么地方人?回答说父亲叫何向东,儿子叫何旺才,是山东沂南人。爸爸惊喜地说,遇上老乡了!我祖籍也是沂南,说不定咱们还是本家呢。我知道家里是有族谱的,“犯”什么字都有定规的,只不过现在都不遵这些了,何向东和我的名字就是例子。一问还真的是本家，论下来，何向东和父亲还是同辈，年长三岁，就兄弟相称了。

我当然也要和旺才兄弟相称了，他果然未成年，和我一样 16 岁，只大两个月，是公司怕被告雇佣未成年人故意让撒谎的。我很喜欢这个沂南兄长，因为他的工作态度。他干活时极为认真，专心致志一言不发，是个好匠人。装修活计很重，旺才的头发和脸上常常都是汗水。但他有干净的眼神，流动的小溪般清澈。偶尔他会对我笑一下，露出的牙齿很白，笑起来的时候，有一种泥土味的天真。这个时候，旺才的脸上会闪现一种明亮的光泽。

别看我平时古灵精怪，但天性喜欢朴实勤劳的人。我们很快亲近起来，有时候晚上两人也住在一起。夜在暖暖的攀谈中步入深沉，漫天寂静的星光，夏天的海风送来潮湿的植物的气息，一些最后的坚硬和隔膜在风中破碎。旺才说是因为娘有病，父子两个为了挣钱给她治病才来打工的。我问你不想读书了？旺才说怎么不想？但怎么读得下去？即使不出来打工也得干活养家，家乡实在是太穷了。那是我第一次看到旺才明亮的眼睛暗淡下来，像一条疲倦的鱼。正当我为他惋惜的时候，旺才又说，我觉得不一定书本上的东西才算知识，我到城市打工，可以学到一些先进的理念和技能，同样也是知识。这样回到家乡后，我就能做很多事情，比如养鸡，比如种果树，同样可以把日子过得富裕起来。说这话的时候，旺才的眼睛恢复了闪闪发光的自信。

那些日子，我为两个设计绞尽脑汁百思不得。一个是爸爸的书房，爸爸的书非常多，书房的空间又不是很大，不适宜买书柜。旺才给设计了一个书架墙，几根柱子从地面一直延伸到天花板，气派又不占地方。另外一个设计更难，厅里的一面墙中间有一根煤气管，怎么设计都无法避开。我想做一个波浪式的电视背景墙，一算造价太高，行不通。最后还是旺才想到了解决办法。他把煤气管包成了一个柱子，再在旁边也包一个相同的柱子。然后按尺寸买些厚玻璃砖，做成一个放碟片的九层架子，既省钱又实用！当时我惊喜地抱住旺才说真棒，不曾想这种表达友谊的方式人家不习惯，弄得他的脸成了红苹果。我开始体会到，人的能力常常隐藏在平易的外表之下，旺才真的很聪明。如果他有我的学习条件，绝对不会比我差！我叹一口气，说你不读书真是可惜了。

爸爸和何向东的攀谈越来越近乎，哥，你既然是从沂南出来的，可知道红嫂？

何向东说，当然知道，红嫂是我的姨奶。

什么？！这下弄得爸爸的声音都透着激动了。你知道，他们那代人都是很念旧的。爸爸竟然和何瓦匠一起唱起歌来：蒙山高，沂水长，我为亲人熬鸡汤，添一瓢沂河水，情深意长，续一把蒙山柴，炉火更旺……把我弄得丈二和尚摸不到头脑。

后来我才知道，沂蒙山区至今流传着一个动人的故事。解放战争中，一位受伤失血过多的战士昏迷在野外，被一位挖野菜的年轻大嫂发现，大嫂在野外没有水，进村弄水太远又怕被敌人发现，毅然用自己的乳汁去救活伤员，战士视她为自己的母亲……

爸爸问，红嫂真名叫什么，现在怎么样？

何瓦匠说，红嫂的大名叫明德英，今年都88岁了。走之前去看过一眼，她的住处是两间石头码顶的小屋，屋里黑糊糊的，两间房没有隔断墙，看起来像是一间。屋子的西北角放一张简陋的床，是她痴呆儿子的；屋子的东南角，也有一张简陋的床，那是红嫂的。破旧的被子，已辨不出什么颜色了；床上铺的是谷草，上面没有褥子；破旧的家具，没有一件像样的；劳动工具从抗日战争时期就用着的，黑糊糊的墙上贴满了画。细一瞅，是她把奖状当画贴，贴得满墙都是，不过都被生活的烟火熏黑了，和墙壁成了一体。

她救活的那位解放军战士现已是将军了，也曾来看望过，带来了很多东西。红嫂没有自己都留下，大多都分给乡亲了。这几年，听说城里人已经过上“楼上楼下，电灯电话”的共产主义了，大家都劝她去找将军。她却坚决不去，说红嫂不是要饭的，当初救子弟兵是不求回报的。共产党是最讲良心的党，不会让自己的人民始终受穷。我就要在这儿等着，等到共产主义的那一天！

我看到爸爸的眼圈湿润了。

爸爸何以这样激动，我当时顾不上深究，正忙着和旺才谈论感兴趣的话题呢，比如柏灵说的那个寓言。不料旺才听后，用看天外来客的神情瞅了我好一会儿，说我们农村孩子可没有你们想的那么多。对我来说，和爹一起挣够钱，先给娘治好病，然后盖新房，再买头牛耕田，一家人快快乐乐地一起生活，我们就觉得生活比蜜还甜了。

旺才的回答让我的脑海火花一闪，我跳起来大叫一声，知道了！

旺才满脸疑问，你知道什么了？

我故作神秘对他说，暂时不告诉你！

刚才我说什么了？旺才想了一会儿，猛然他的眼睛也亮起来，说我也知道了，但我也不说！

于是我们相对哈哈大笑。

房子即将装修好的时候，柏灵如约来验看成果。我如数家珍把旺才好一顿夸奖，还特别推荐了那两个设计。这两个设计越端详越觉得好，别人家装修都要来学的。柏灵一边看一边频频点头赞许。没想到旺才经不住女生的夸奖，脸一直腼腆得像太阳晒红的苹果。

柏灵走了以后，旺才好一会儿才回过神，赞叹道你的同学漂亮得像仙女。

我心中得意，想这句话旺才一定在心里憋了很久。嘴上却说，改一改改一改，叫仙女俗了，天使还差不多！

旺才嘻嘻笑说，看得出你喜欢她！

你胡说什么！我举手佯装打他，旺才连忙躲开。这些话要让同学知道，我就彻底完蛋了。不过我已经把旺才看成了自己的哥们，那种可以分享心底秘密的铁哥们。

哎，旺才，你觉得她喜不喜欢我？我又忍不住问。

你真能装，当然是喜欢了，傻子都能看得出来！旺才白我一眼。

白我也不生气，因为得到印证的我心里别提有多美了，充满了对美好未来的憧憬。柏灵倒是像我生命中的那滴蜜呢。不过我如果这样回答她，可能会有两种结果：一种是她含羞不语，另一种是她突然给我一记耳光，那就太丢人了，我可不敢冒险！

三

历时近两个月，装修终于结束了。因为遇上了何向东父子，虽然繁忙却很顺利。看得出，他们是把房子当成自己的家来装修。临别时爸爸办了一桌丰盛酒席送别沂南兄长，以示感谢。最后一次验收中，何向东父子的目光还在所有的房间里细细抚摸了一遍，充满了毫无掩饰的留恋，让爸爸感动不已。送旺才走的时候，我依依不舍，心里满是惆怅。但当时我就明白，人生没有不散的筵席。终究要分别的我们，只能期待另一场命运的邂逅。

住进新房子心情特别好，父母甚至半夜也会醒过来，四处打量他们的窝。音乐门铃总是不停地响，父母双方的朋友同事不停过来，“温锅”的同时夸赞着装修的质量，每个细微处都让我回忆起沂南兄弟何旺才。记得挥手再见时，爸爸叮嘱他们父子把这儿当家，有事没事常回来看看。但何向东父子显然是不想给我们添麻烦，离开之后只来过一次电话问候，说的还是有什么不满意的地方就回来返工。

爸爸买了DVD和音箱，在厅里布置了一个家庭影院。我自然喜欢看流行的美国大片，人家的高科技连杀人枪炮声都搞得具有美感和震撼力。爸爸则带回一大沓他童年时的影片，什么《铁道游击队》、《红日》、《地道战》、《地雷战》、《鸡毛信》，都够战争影片回顾展了。爸爸一边看一边说，他们小时候都是在露天操场上看电影的，现在回想起来，那心情简直是过年一样的欢欣。

我开始是耐着性子陪着爸爸看，看着看着就觉得老电影也很有意思呀。看了这样的影片，你会热血沸腾，特别地想成为英雄！我慢慢理解了爸爸的那个年代，那是个崇尚英雄的时代。我们这一代人大多喜欢浮华的生活，认为赵本山在小品里高喊“劳动者是最美的人”很搞笑。而且多数人眼中，生活在贫穷中的人，那些进城打工的农民工，统统是最卑贱的人！想到这里，我突然明白，现在城里人能够讲个性讲情趣讲小资，全是因为有了先辈流血牺牲的铺垫。

我曾经问过旺才的理想，他笑了笑，只有三个字，活下去！让人觉得心中一片悲凉。说这话的时候，旺才抬头看城市上空盘旋的鸟群，阳光照亮了他微笑的眼睛和牙齿。人为什么活着？从哪里来？又要到哪里去？活着为了什么，像我的父亲一样？为了房子和车子？他们最初的理想几近泯灭，只能在老电影里寻找过去的影子。

因为旺才，我对所有农民工都关注起来，全然没有了以前的那种距离感。电视上报道了一个新闻，一个农民工为了索要工钱，在包工头家门前上吊自杀。柏灵的父亲在电视台工作，说在内部出现一种观点：都去以自杀要挟政府，这是破坏和谐社会。电视台播这种新闻是不合适的，不能滋长这种行为！

我把父亲在家里的慷慨陈词端了出来，反倒是农民工不对了？农民工这样就破坏和谐社会了？和谐不是农民工破坏的，是那些黑心肠的老板破坏的。治理好那些老板，按时拿到劳动报酬，农民工还跳什么楼？农民工有什么不对？他们没有去盗窃抢劫杀人放火，他们只是想要到自己的那一份应得的劳动报酬！他们要活下去呀！愤怒中的我仿佛又看到旺才劳作的身影，革命成功了，城市的高楼越来越高，生活越来越好，可是红嫂和革命老区的人们仍然清贫，究竟是哪里不对劲儿了？！

五中又出了一件新鲜事儿，全校同学都过节一样，兴高采烈相约前去观看。什么新鲜事儿？刘老要举办一场行为艺术，名字叫“包米地里的 2000 支蜡烛”。据说刘老以前还是一个诗人，你知道诗人的血总是热的。其实艺术的突破很难，于是有些艺术家偶尔会搞些行为艺术，借此探索一些新路。这是个半殖民地强权扫荡过的城市，没有多少文化底蕴。早几年有人搞过行为艺术，“日出 169 号”、“等待戈多”就是其中比较著名的几次，但也就是绘画圈内人还记得这些。

行为艺术发生地设在海边收割后的包米地里，柏灵和我带领全班同学把 2000 支燃烧的蜡烛一米间隔一字排开。秋夜的海边清爽怡人，点燃后的蜡烛排满了一大片沙滩，每朵小火焰都在海面轻风的吹拂下有节律地群舞，显得壮观而诡异。几十个诗人和画家围绕着站立。刘老提了一只鸡，用力扭断它的脖子，一些人像祭神一样跪拜，还有人当场朗诵诗歌。马头琴奏出的音乐贯穿整个行为艺术始终。刘老解释说这是种温暖，代表一种希望，一种呼唤，一个生存与毁灭的主题。

行为艺术要在次日黎明看到日出后结束，所有的人都或站或坐在沙滩上等待着。暗夜里，海浪从远处闪着白光不断地涌过来，遇到礁石就爆发出硕大的海浪花。我和柏灵并肩坐在沙滩上，静静感受着浪花一次次绽放的音响，偶尔交谈几句。柏灵身上持续散发出槐花的气息，明亮而清澈，让人有轻微的眩晕。我想起她把槐花蜜给我时的情景，她叮嘱我“早早蜜水，晚晚盐水”，声音像缓缓撕裂的绸缎一样唯美。

将近 9 点的时候我送柏灵回家，她父亲对她管教很严，不准在外很晚。我们并肩走在回来的路上，不说话，觉得这时语言是多余的。我不时偷看柏灵脸庞秀丽的剪影，柏灵显然能感觉到，侧头对我微笑，雪白的牙齿在街灯下一闪如星。我嗅到柏灵柔软发丝的清香，那种温暖的槐花味道，模糊的快乐顿时包围了我的心脏。

这一路上我难受极了，因为太想拉一下柏灵的手了，不过我还是强忍住了。我把柏灵一直送到家门口。分别的时候，我恋恋不舍地看着感应灯下那张俏丽的脸，还想没话找话多待一会儿。这时，我突然想起那个寓言，此刻我就是全心全意渴望舔尝那滴蜜的旅人！我说柏灵，她低头嗯了一声，一副不知所措的样子，大概是我的目光吓住了她。这时楼道的感应灯灭了，黑暗中仿佛有一个看不见的巨大磁铁，我们的距离越来越短……完了，我控制不住自己了，我们都要完了。

记得你说的那个寓言吗？这是一个生死之间的人生暗喻。孩子是母亲的蜜，宗教是信徒的蜜，挣钱是旺才的蜜，成就大师是我的蜜……一切让你尽享欢乐忘却死亡的东西都可以是那滴蜜。灯又在身体的移动中亮了，我听见一个人在说话，那个人不是别人就是我！我最后没有对柏灵怎样，成功地悬崖勒马了！其实当时我在心里大叫，何亮你死了算了！在这个时候说这个故事，柏灵一定觉得我是天下最最最虚伪懦弱讨厌可笑的人！

柏灵已经朦胧如月的眼睛渐渐正常，怎么也是班长，有很强的自制力。听后她黝黑的眸子闪闪发亮，说你讲得棒极了，这个问题即便是成年人也未必回答得出来，我简直有点儿崇拜你！我开始相信你将来能够成为大师了！不过你先别高兴得太早，答案虽已基本正确，但是我还是想听到一个终极答案。可以提示一下，无论何时何地，不分种族人群，那滴蜜贯穿每个人的生命始终。

柏灵家的门在我的面前关上了，一声碰撞竟也让人心头颤抖。我走出大门，站在楼下仰头看柏灵亮了的房间。傻傻地站在那里许久，直等到熄灯我才顶着星光往回走。从哲学角度来说，世界上很多问题答案都不可能是唯一的。但按照高考规则，正确就是正确，还有什么基本正确？这不是故意刁难吗？还要听什么终极答案！想起今天我所作所为，懊恼得恨不得抽自己两下。柏灵搞什么鬼？说不定是在用这种方式报复！该！我活该！

四

“温锅”活动终于告一段落，门铃不再经常响起，冬天很快就到来了。

冬日阳光从玻璃窗射进来，在我的脸颊上跳跃，在颜色均匀的地板上伸展。这时我会想起旺才，地板是他精心铺就的。装修过的人家都知道，每块地板的颜色都不尽相同，甚至差别很大。旺才用了很长时间，才把颜色顺得如此之好。尽管是两兄弟，我的理想是做大师，他的理想仅仅是活下去，我们是如此的天上地下。

时光如潮水般一浪浪隐退，旺才开始在我的生活里淡去，我依然过回原来的日子。那个夜晚分别后，我和柏灵多了些说不清的微妙。我们之间的斗智少了，更多的是欲语还休的沉默，不断的生理变化提醒我们已经成年。提前备战高考压力很大，柏灵会拉着我偷闲在大街上散漫地走。滨城无风的天气宛如初春，喜欢如蜜的阳光在头发、手臂上流淌，一直浸透每一寸肌肤。阳光的气味让人惬意，那是我们少年严酷生活难得的幸福瞬间。城市的街上，迎面碰上的人们总是淡漠的表情。钢筋水泥的建筑里，每个人都很自我，这个城市有太多的自私和阴暗，各种各样的欲望潮汐般此起彼伏，盲目而充满激情，却没有人知道它的方向。

滨城的冬天很怪，有时竟也下起雨来。那天一阵急促的铃声过后，我打开门，看见的竟然是旺才，后面是瑟缩着的何向东。我赶紧把他们迎进来，冬雨冰冷潮湿的气息马上充满了整个客厅。

看他们的脸色不对，一问果然出事了！何向东一直沉默不语，完全是旺才在诉说。原来接到娘病重的电报，旺才和父亲想马上拿工钱回家。可公司说别的工程出了问题，交了赔偿没钱给他们。其实公司经理开的是宝马，每天出入豪华饭店，不是没钱，而是根本不想给。何向东去要工钱，没要到还让保安打了出来，骑自行车回住处的时候心情不好，精神不集中被车撞了，右臂骨折。旺才哭着说他在这个城市没有亲人，只能来找我们。

我和爸爸赶紧把何向东送进了医院，又一起去公司替他要工钱，结果连经理的面也没见到。后来打听到经理和有关方面搞得很密切，还是什么区政协委员，人人都劝说弄不过他的。

我看着旺才脸上绝望的泪水，仿佛听到整个世界都是喧哗的雨声。旺才的眼神不再对世界有希望的光亮，像两团熄灭的篝火，依稀还能看到上面萦绕的烟，毫无生气，那么无助与绝望，那样痛苦和不甘。最后的希望破灭之后，他很快就会变得和他的父亲一样。那一刻我的脸色突然苍白，心像玻璃碎裂满地，一阵揪心疼痛。

父亲拿出一万块钱，我知道那是他准备偿还贷款用的。他让何向东先带回去，何向东坚决不要。父亲只好说，嫂子的病等不得，先赶紧回去治病。旺才留在这里和我们一起索要欠款，也只能这样了。

何向东走后，旺才被安顿在我的房间。失去睡眠的夜晚，能听到落叶在冬雨中飘零的叹息。黑暗中，旺才的喉咙里发出了动物受伤后痛苦的呜咽，一只受伤却不知道如何保护自己的小动物。那种刻骨的绝望痛苦让他在煎熬中崩溃。生活对于他们来说，是暴风雨中一次艰难的远航，没有任何安全保障，随时可能遭受灭顶之灾。

看着旺才充满悲伤的脸，我觉得极其愤懑。先是尖锐的疼痛，之后是空空荡荡的难过。我知道世界上有很多荒谬和不平的事情，以前因遥远而觉得不够真实，没想到如今就发生在自己面前。电视上正播放一部科教片，展现蝴蝶破茧而出的情景，让人体味成长撕心裂肺的痛苦。城市里的我坐井观天，满足于小小的幸福和自我奋斗，只想成为所谓的大师，却忽略了这个世界更多的东西，心胸何其自私且窄小。

这世界是怎么了，怎么会是这样？该怎样去帮他们？对了！坏人坏事都不能见光，去找媒体！怎么让媒体报道出来？我忽然想起了行为艺术，也许会行。

完整讲述旺才父子的遭遇后，我郑重地对柏灵说，我要用行为艺术替农民工请命。

柏灵满眼都是疑问，行为艺术在艺术圈里也是毁誉参半。况且，我们已经很久没有在一起认真讨论问题了。在柏灵面前，不知为什么我总是心虚躲避，她大概也同样如此。凝眸之间，我能感觉到风从手指间无声掠过，我的瞳仁无声渗入她漆黑的发丝。

我要替农民工要工资！我的目光满是坚定。

怎么要？她眼中还是迷惑不解。

柏灵的态度在我意料之中，我耐心地给她讲了我的计划。听完之后，我看到自己的想法像阳光一样，从她的瞳仁折射出光芒。柏灵第一次对我满脸佩服，让我顿生成就感，心里不免萌生一种叫做臭美的东西。

好！我带你找咱们同学去！柏灵兴奋地说。

既然搞行为艺术就需要有一批的参与者，我太需要同学们的帮助了。当听完了我的“伟大计划”后，同学们都极其激动，纷纷表示支持。我把行为艺术的初步计划向他们交代了一番后，大家踊跃发言献计献策。

原来我是想把行动放在闹市最高的大厦上，后来有人提议，应该放在全市最高的大楼上。什么楼最高？那当然是本市的广电中心了，造型像一个巨大的船帆一样，肖立在这个城市的中心。在这里有一个最大的好处，那就是楼里就是电视台，可以近水楼台得到媒体的关注。有人提出，在楼顶上，下面的人肯定听不到说什么，应该带一个扩音话筒，导游用的那种，但必须是破旧的，这样显得更像民工。我问从哪里弄？他爽快地说他妈当过导游，道具他来提供。我觉得群众的力量真是伟大呀，如果不是这样，这个行动很可能漏洞百出功亏一篑。

最后讨论到名字，行为艺术都有一个特棒的名字，听说我起了个“替农民工要工资”，大家都摇头说不好，说没个性，忒俗！

那叫“天台的诉求”？有人提议。

这个提议也遭到众人反对，说假惺惺的，谁明白？

这时柏灵站出来，说就叫“站在高高楼顶上”吧。

大家想了好一会儿，觉得行，名字就这样确定了下来。

出发之前，我把自己的一套衣服扔给何旺才，我要他的工作服。这一互换，镜子里的我马上就变成了一个小民工。我把长发弄得乱糟糟，以求更像农民工一些，人和人其实没什么太大分别的。

乔装打扮之后，我和一班同学浩浩荡荡地奔向广电中心。因为父亲在电视台工作，柏灵是广电中心的常客，知道顶楼通向天台有一扇门，但平时是锁着的。这难不倒我们，最近街上小贩偷卖一种万能钥匙，什么锁都能打开。到达天台的过程出乎意料的顺利，我在柏灵的配合下，假扮电台少儿频道的节目嘉宾，躲过保安的耳目，顺利地来到了天台上。柏灵完成了任务，叮嘱我要多加小心，随后悄悄撤了下去。

五

这是一个周三下午，一个大人们通常要政治学习的时间。我感觉自己英雄一样壮怀激烈，要独立完成一个极其重要的任务，从没像现在这样豪迈过。一个人站在高高的楼顶上，风掠过耳边像隆隆的炮声，让人想起去甲午海战旧址旅顺鸡冠山炮台的情景。今天，我发起了一个人的战争。这是全市最高的大楼呀，17层60多米高。我突然问自己：是不是搞美术的人都这样疯狂？

我没有回答自己，而是向前一步，走到楼顶边缘。天台上的风很大，长发在风中飘飞如展开的鸟翼。这时我才明白，做英雄实在不是一件容易的事情！现在有点像《黑客帝国》主人公躲避警察从楼上逃跑的情景，下面的车子像火柴盒，人则像蚂蚁，越来越大的风不知从什么方向强劲地吹过来，让人顿生要掉下去的幻觉。

一种强烈的恐惧涌上心头，我后悔起来，是真的后悔。在高楼上别说跳下去，就是站在这里也是一件十分艰难的事情。下去以后，我一定告诫同学们，千万再别搞这样的行为艺术，太危险。我们的生命那样甜美，散发着青春固有的芳香，不可轻易儿戏。我开始理解那些农民工了，不是逼不得已走投无路，谁会拿自己的性命要挟拼争？我咬牙继续向前，小心把屁股挪坐在楼顶边缘，两条腿顺势耷拉在外面。高楼在风中晃动幅度很大，感觉真的很刺激，这让我想起了小时候上树骑坐的树杈。渐渐内心的喧嚣转为沉寂，所有的往事都沉淀下来。

下面的事情是同学们的了，他们看到我完成第一步计划，马上拿起手机，向市内各大新闻媒体提供新闻线索。须臾，所有该到的都到了，记者们的长枪短炮一致对准了我，我成了这个城市关注的焦点。太棒了！我拿起扩音话筒，开始讲述旺才父子的故事，就像讲述我自己的故事一样。我从沂蒙山的红嫂开始，讲到农民工的贫穷，讲到经理的为富不仁，讲到旺才父子的走投无路……讲到动情处，我像一个最好的演员自然地流泪了，好像我就是何旺才，何向东就是我的亲爸爸。刚开始眼泪当然是假的，我一面哭诉一面想着自己所有的伤心事。后来变成真的了，眼泪如同泉涌，我向下面狂喊着：眼前的这些高楼大厦是谁一砖一瓦建成的？是我们农民工！远处星罗棋布的广场和绿地是谁铺就的？是我们农民工！农民养育了城市，他们勤劳的双手让这个城市每天都在长高。农民工像辛勤的蜜蜂一样渺小却可爱，酿造甜美的生活。这个城市其实与农民工血脉相连，不是吗？可是人们却这样对待他们！国家制定的政策却没有得到很好贯彻执行，那些人的心肠为什么这样黑呀？！后来我自己真的伤心了，哭诉变得热烈无比。

警察到达了，他们从我的背后包抄过来，企图将我这个“破坏分子”一举擒获。我心里往下一沉,原来只想着媒体,却没料到警察会来。我大声警告他们,如果再靠近我就跳下去！还好,他们没有强行过来,停在那里。两个魁梧的身形一直虎视眈眈着,威严的警服煞是吓人。在他们眼里,我一定是个破坏和谐社会的坏小子。完了,光想着替农民工要工资的,警察一定会给我戴上手铐,押到派出所,然后让家长来领人。给学校捅出这么大乱子,校长一定勃然大怒,说不定要开除我。继而一想,我不怕,先前看那些老电影,不明白那些牺牲的革命先烈为什么那样英勇。现在明白了,他们确信自己的理想是伟大的,才会那样从容就义！我为什么不能大义凛然一把？到了派出所他们审问我,就理直气壮地这样回答:中央三令五申不准拖欠农民工工资,温家宝总理还亲自替农民工要过工资呢,我在网上看过。我没有错！

这时警察向我喊话:孩子！

他们居然语气温和叫我孩子？

坐在那里多危险！你快下来,警察叔叔知道你们农民工不容易,一定会惩处坏人,一定会帮你把工钱要回来的！

你一定要相信警察叔叔！

下来吧,孩子！

我看到他们威严的国徽下面的眼神,那是真正同情和怜悯,绝对不是先诱我下来,然后再严肃处理的虚伪模样。

好多救护人员在下面安放了防护垫,用气泵迅速鼓起来。这场行为艺术已经达到了预期效果,该落下帷幕了。但当初策划时,居然忘了一件最重要的事,那就是怎样结束。就这样跳下去,用我的生命冒险完成一场行为艺术？那是艺术的最高境界！也许所有的人都感觉到我的纵身跃下之意,柏灵小小的身影,因为我的计划外举动在下面焦急地徘徊着喊叫着,同学们也跟着一起喊。虽然听不清，却知道他们是要我安全下来。我看到刘老也赶来了，一向沉着的身影满是焦灼，能看到周围的同学和他解释什么，我看见他向我拼命挥手，示意我不要跳下来。

没胆子了吧，你他妈的跳呀！

你到底跳不跳！哥们都等了好几小时了。

下面竟然三、五个声音这样在喊，像毒蛇的“咝咝”声刺激我的心脏，生活中总是有这样的唯恐天下不乱的人，如果我真是农民工，听到这样的激将恐怕就跳下去了。

远远听到了柏灵尖利的嗓音，透着无比的愤怒和仇恨。柏灵的声音从来都是清甜的，如一匹缓缓撕裂的绸缎，如今我听到的却是狂乱的撕扯，一种拼命的架势。我看到她愤怒向前的身影，同学们随之围上去，愤怒地同那三、五个声音理论着……那几个人知道自己理亏了，很快像过街老鼠一样被灰溜溜地赶走了。我的眼睛因为感激而湿润，一股暖流热热地包裹了心脏，那样的跳动让人激动不已，我的柏灵！

我要跳下去，还是被那些警察捉犯人一样押下去？看着下面不断增高的保护垫，我有了一种头晕的感觉。我看到了旺才的身影，穿着我的衣服，在我的同学当中显得不再孤独。他频频向我挥动手臂，看不清是抹眼泪还是催我赶紧下来。想起他曾经绝望的眼神，我充满豪情地在心里说：等着吧，兄弟，我要把你眼里熄灭的火焰重新点燃！我明白了，真正的大师，应该是可以给予众人生活之蜜的人，我绝不会让旺才的蜜在他眼前消失！

我缓缓抬起头，目视前方，试图摒弃俗世的所有声音，终于又心静如水。仿佛一星火花在脑海里闪现，我再次想起了柏灵那个颇有哲理的寓言引发的问题：一个旅人在沙漠里走着，后面突然出现了一群饿狼，恶狠狠地要吃掉他，他只好拼命奔跑……你看呀，午后的阳光如水流泻，在蓝得透明的偌大苍穹下，我正在这个城市的最高处，体会高楼在风中的抖颤，仿佛骑在濒危小树上的那个旅人——风从耳边掠过，不停地把现在变为过往，我仿佛听到了时光断裂的声音。这时天空中透出暮色的影子，鸟群寂静地飞过。我扭转脖子，看见夕阳悬挂在西面的群楼上，散去了正午的炫目和热度，变得足以让人静静地对视，呈现出一种独特的美。天空犹如一片巨大而奇异的叶子，缓缓向大地倾斜下来，我注目那覆盖过来的暮色，渐渐的，夕阳的底端粘上了楼群，蜜珠一般竟要滴落下去。

人生最常见的莫过于太阳，但没有它什么都无法继续下去，包括整个地球文明。它总是那样东升西落，带来一天又一天新的光明和希望。它不仅是物质的，同时又是精神的——我瞪大双眼呆住了，继而醍醐灌顶般领悟到：太阳不就是浑然天成，而人类却在苦苦寻觅的那滴终极之蜜吗？

钟声不止

薛　涛

一

我刚分配到林区教书，老校长就进城住院去了。老校长临走告诉我，这里有个铁匠铺，铁匠铺里有个铁匠，是个怪人。老校长进城治病，整个学校就剩我一个人了。我给师范的女朋友写信，得意地告诉她，我刚刚来学校参加工作，就代理校长了。

有一天我坐在教室里批改作业，坡下又传来叮当叮当的声音，很有节奏感。我停下手里的工作，痴迷地听着。学生小飞脚举手请求发言，我点点头。小飞脚说："老师，有什么好听的，那是小铁匠他爸铁匠卢打铁的声音。我爷爷全靠听它睡得香呢。"

小铁匠是我们校四年级的学生，小飞脚也是四年级的学生。另外10个学生分别读着一年级、二年级、三年级、五年级。

中午午休时，我好奇，把小铁匠叫到住处。

"小铁匠，你爸爸叫什么名字？"

小铁匠是作为绰号在学校里流通的。全学校没有不知道小铁匠的。这里的孩子大多有绰号。同学之间也都称呼绰号。那些绰号取得很有意思，我也跟着称呼了。

小铁匠随口答道："我爸爸？我爸爸不就是铁匠卢嘛。这个你都不知道啊！你简直太……"

"知道知道。我是问他本来的名字。"

这下，小铁匠也傻了，挠了几下脑袋："我去给你问问……"然后一口气跑下山坡。不一会小铁匠跑出来了，"他打铁呢，叮当叮当的，没听见我问话。我也得去帮……"说完就把头缩回去了。我追到外面喊道："下午别忘记上学——"

小铁匠回答了一声，就没影了。

很快，山坡下传来"叮当，叮当"的捶打声。呼——呼——那风箱又叫了，当然是小铁匠拉的了。这个时候天还没有凉，我可不敢进那个炉火旺盛的铁匠铺，就远远地坐在一棵老柳树下面。叮叮当叮叮当，听得出小铁匠也加入敲打了……这声音初听有趣，久了就乏味了，我打起了瞌睡。难怪小飞脚说他爷爷全靠打铁声睡觉香呢。

铁匠铺的铁匠姓卢，人们都管他叫铁匠卢。人们大概都忘记他的名字了，只叫他铁匠卢。

铁匠卢的生意近年有点惨淡。人们用个锤子斧子什么的，都去山外买了，质量也不错。时不时地有去打马掌的，牵着马，去了，很快就走了。铁匠铺的门口渐渐冷清了。可是铁匠卢硬是没让火炉熄灭过，风箱照常鼓风，铁匠铺里时不时就传出一两阵叮叮当当地敲打。

这个铁匠，我就知道这些了。

二

下午上课时小铁匠没来。全校只有一间教室，全校 12 个学生在一间教室里上课，哪个来了，哪个没来，一目了然。

“老师，我去找他！”小飞脚站起来，也没等我同意，蹬开门刷地不见了。

我刚刚在黑板上写出五个生字，小飞脚就把门蹬开了。小铁匠紧紧跟进来，满头是汗，一边往座位上跑，一边回头对我说：“老师，没听见铃声啊，你那铃声没我爸打铁声大……”

全校学生都哈哈笑起来，然后给我提意见，说操场那个电铃声音确实太小了，中午在家玩着玩着就过头了，也听不见上课铃。我用黑板擦敲敲黑板，教室里才平静下来。

“电铃问题以后再说。”

我继续上课。

第二天一大早，我正在教室里擦黑板，门被很重的力气撞开了。我扭头一看，是两个孩子：小飞脚和小铁匠。两人喘着粗气，一前一后，抬着一块形状古怪的铁锭。我愣住了。铁锭一落地，发出清脆的回声。小飞脚站着喘气，小铁匠说话了："我爸昨天连夜给咱学校造的钟。我爸说，这个声大，岭外都能听见。"

我把这个铁锭挂在门外，接过小铁匠递过来的钟锤儿，轻轻敲了一下。

"当——"音色清脆悦耳，传出很远。

小铁匠还告诉我，他爸在钟的不同部位留着凸钮，敲那几个钮，还有曲调呢。我一试，果然有音阶。打这以后，学校的电铃不用了，慢慢地生锈了，铁钟成了整个岭上人家的钟点。据进山的人回来说，在山谷里听这钟声，更好听。

铁匠卢，依旧深居简出，躲在他的铁匠铺里叮叮当当打铁。全岭的人，大概只有他一个人没听见过他制造的钟声。他的耳朵里全是叮叮当当的打铁声。

三

一夜之间，大雪漫了林区。

我用力推开门，一步一滑走到大钟前，敲响了它。我用的是紧急集合的调子，是喊孩子们来扫雪的。然后我挥起铁锹，一路向山坡下面推进，打算给他们开出一条路。我把路开到山坡边缘的时候，坡下十几只"鼹鼠"一样的小东西也在挥舞着小铁锹，从各个方向向这边推进呢。它们身后，是一条条细细的小道，嵌在雪地当中。

我站在坡上跟他们挥舞着铁锹，给他们加油。他们抬头看了看我，埋下头去，加快了速度。

可是，所有的小道都汇集到我这里的时候，问题出来了：我们很难能爬到坡顶的学校。小道太滑了，我们几次上去，都滑下来。小飞脚摔得最猛，整个人一头扎进雪里去了。

第二天，早上还没上课，小铁匠举手请求发言："我爸爸有办法了。他要给我们的鞋子上面打上铁掌，完了就不怕滑了。"

小铁匠一说，全校的学生都兴奋起来。像马一样给蹄子打上掌子，就可以像马一样在雪地上随便跑了。这是一件好事情。

中午，我带着全校学生从坡顶滑下去。小铁匠最兴奋，第一个滑下去的。

我们一气滑到铁匠铺。我让孩子们排着队进了铁匠铺。小铁匠也叫嚷着："排队排队，别加塞儿，人人有份。"

全校学生把小小的铁匠铺塞满了。我只好站在外面。我听见里面不时传出孩子们打闹嬉笑的声音。那咔咔的，便是钉鞋掌的声音。这时他们又莫名的安静下来了。打好鞋掌的学生蹦跳出来。门一开，一团热气随着出来，扑在我的脸上。脚下咯吱咯吱的，他们一个一个爬上山坡去，很稳当。最后出来的是小飞脚，他把脚高高踢起来，鞋底上有亮亮的银光一闪。"扑通"小飞脚摔倒了。我拉起他，帮他拍打身上的雪："你演砸了小飞脚。"小飞脚不服气，还要表演，被我控制住了。

最后冲出来的是小铁匠，脚下也咯吱咯吱的。

"老师，鞋掌没有了。他说了，下午他再打几个，有你的份儿。"小铁匠有点难为情了。

就这样，我被小飞脚和小铁匠一边一个架着爬回坡顶。

快走进教室时，小铁匠悄悄告诉我，他爸今年的马掌又打多了，刚才钉在鞋底的铁掌是马掌改的。小铁匠让我为他们保密。

我答应了他。

当天晚上，我坐在火炉旁边烤玉米吃，门外传来咯吱咯吱的脚步声。小铁匠来了，手里举着两个鞋掌。我找来锤子，把鞋掌钉在鞋底上。穿上一试，脚底下踏实多了。

过几天，小铁匠拿来了一包铁钉。铁钉没有商店的有规格，却很锋利，把教室的门窗钉得结结实实的，北风再大，门窗也不吱嘎了。

那时我正讲着课，小飞脚扑哧乐出声来："老师，门窗不叫唤了，就剩你一个人叫唤，不热闹了。"

小飞脚这么一说，我也乐了。我一乐，全校学生也都乐了。小铁匠没乐，脸涨红涨红的："他的钉子多得没人买。他说，这些钉子只要有用，就没白打……"

又过几天，小铁匠带来一副冰刀模样的家什给我看。小铁匠让我猜这是什么。我说，像冰刀。小铁匠说，这就是冰刀，我爸按照电视里的冰刀打制的。我一看，这冰刀与常见的不一样，是双刃的。小铁匠自有他的解释。原来铁匠卢认为单刃的冰刀容易扭脚，就给改成了双刃的。铁匠卢的意思，要是我满意，就给每人免费打一副。我连连点头，说着感谢的话。小铁匠却说："我家的铁匠铺没多少活要做，我爸不想让炉火灭了，就琢磨着免费做活了。"

于是全校学生每人有了一副冰刀。我带着他们把水塘上面的雪除掉，体育课改成滑冰了。

他还为我们免费打制了门把手、更换了火炉铲。有一天，小铁匠站起来磕磕巴巴地说，他爸爸想给我打制一条铁教鞭，换掉那根不结实的老柳条。我还没表态，全校学生就七嘴八舌反对了。

原来，老校长在的时候，教鞭除了指点黑板，还有一个重要功能：打手板。淘气了违纪了，老校长的柳木教鞭就要发挥作用了。现在，铁匠卢要把柳木教鞭换成铁的，学生们当然不同意了。铁匠卢这个活就算没做成。可是第二天，小铁匠拎来一只铁桶，说老校长的那只用了7年了，该换新的了。我千恩万谢一番，把女朋友寄来的香烟让小铁匠捎给他。小铁匠撒腿就想跑，被我一把抓住，那香烟塞给他。第二天，却被他退回来了，有一盒是打开的。小铁匠告诉我，他爸尝了，嫌这烟不够辣。

四

老校长在城里一共住了4个月，就死了。先是住在医院里，后来为了省钱住在侄子家。肺癌，没法治了。

消息传到学校，孩子们都哭了。小飞脚说，老校长没少打他的手板，可是每次都舍不得用劲。我跟老校长只相处过两天，是交接工作，没有多少感情。可是知道他一生在这林区里教书，受了不少苦。想到这，我心里也很难过。

老校长临死时说，他不放心那些孩子，要葬在林区，他看好山坡下面的白桦林。老校长的侄子要送老校长过来，家长们跑到白桦林里找位置。我做点什么呢，我决定去城里接老校长的骨灰。开始，学生们不同意我去。他们的顾虑是小铁匠道破的：他们担心我这一走就再不要他们了，他们都知道我在城里有个女朋友。连家长们都用忧虑的眼睛看着我。我就说，大家放心吧，我总不能把老校长扔在城里不管吧。人们这才放下心来。

临出发，小铁匠塞给我一根细细的铁砧："我爸给你做的指南针，林区大，它能帮你找回来。"

我把指南针揣好，跟他们说：“有铁匠卢的指南针，我一定找回来。”

我跟大家约定了返回的日期，就搭上一辆林区的吉普车，被一条长长的车辙带出了白雪茫茫的林区。

在城里，我先找到老校长的侄子，见到了老校长“住”的匣子。老校长的侄子一见到我眼泪就流出来了。他说，老校长年轻的时候去林区教书，女友跟他分手以后一直单身……我听罢，想到了我现在的女友。跟老校长侄子定好时间，我就去女友工作的学校了。女友见到我很意外，我说明来由，讲了老校长的遭遇。女友低下头，流泪了。我告诉她，老校长等着我去接他呢，全校学生也等着我回去呢。女友没有强留我，把几条准备邮寄的香烟给我带上。我还特意买了烟劲大的香烟，带给铁匠卢。女友没有跟我分手的意思，这让我很宽慰。

老校长的侄子开车送我回林区。一路上，侄子讲的最多的还是他的伯父。从老校长身上我看到了自己的未来，内心却更坚定了。

车子越接近林区，道路越崎岖，中途抛锚两次。中午进入林区后，我们在一个叫毛家店的小镇吃饭。这里距离学校大概还只有20里光景了。我俩正喝着热茶，天上飘起了鹅毛大雪。我俩便坐在小店里继续喝茶等待雪停。下午，雪总算停了，通往林区深处的道路却被大雪封死了。老校长的侄子试探了一段，不得不退回来。我也一再劝他回去。我一个人走回去，傍晚也就到了，不必他送了。他望着白茫茫的林海，长长叹了口气，把车子存放在一家旅社，说什么也要亲自送他的伯父进林区。

我们徒步出发了。我们包裹得严严的，只露出两只眼睛。很快，眉毛上面也结霜了。

最初,道路的痕迹还可以辨清,我们就沿着它的指引走。后来,又飘起了雪。我一路蹚雪一路欣赏林区的雪景,觉得这旅途很有意思。走着走着,那条弯弯曲曲的痕迹模糊不清了。回头一看,我们的脚印毫无章法。而远处的脚印已经被大雪掩埋了。那道始终在前面闪现的山影也不见了。山影不见了,有两个可能,一是被大雪遮挡了,再就是我们偏离了方向,它被我俩丢掉了。我赶紧喊住同伴。

我俩一致断定:我们迷路了。

这时,雪又大了一层,没有要停的意思。老校长的侄子马上紧张起来,想现在赶回到小镇住一夜明天再走。我犹豫时,想起铁匠卢送给的指南针了。我说,不用回去,我带着指南针呢。然后摸出了指南针。找到一个背风的地方,再把棉大衣脱下来挡风。我牵起细线,把那枚铁砧吊起来。后来,它渐渐稳定在一个方向上。我们按照指针指引的方向继续前行,又穿过了两片林子。就这样,那道山影透过雪幕,又隐约出现了。我兴奋起来,挥舞着手中的木棒大喊了几声,同伴也跟着我喊起来。我放松多了,一路讲着铁匠卢的事情。讲了很多,最后我告诉他,到现在,我还没见过他的面呢。

我再想确认方向的时候,山影又隐去了。找指南针,指南针却不见了。我翻遍了衣兜也没找到它。我估计是刚才舞动木棒的时候丢掉的。我转回身,身后的脚印都被大雪掩埋了,去哪里找落在雪地上的铁砧呢。那无异于大海捞针啊。

我俩再次陷入了困顿。这时,周围都是一样的林木,一样的雪地。我们置身于林海迷宫了。

不敢再盲目行走了。我俩停下来,背靠在一起恢复体力。老校长的侄子紧紧抱着那个盒子,我也抱定了走下去的决心。我取出香烟,一人一支,然后用棉大衣遮住风,总算点着了。一吸,原来是送给铁匠卢的那种，非常辣。辣是辣，一股热量也被这辣味激发出来了。我问同伴暖和点没有。同伴点点头，承认这烟够劲儿。

坐在雪地里吸着烟，我试着从林木的长势上辨别出方向。冬天的林木只剩些树枝，怎么也看不出长势来。大雪弥漫了整个天地，找不到辨别方向的办法了。

天已经黑下来。我估计天已经黑了。有雪映照着，才体会不到黑暗。

五

林区的雪，一旦下起来就没完没了。雪不停，我很难找到方向。我决定找块背风的地方宿营。按照走时的约定，我应该天黑前回到学校。现在孩子和家长们一定是万分焦虑。那些孩子一定以为我不要他们了，那么就让他们先难过一夜吧。明天我给他们一个惊喜就是了。

我和同伴找到一块低矮的地方，放下行囊。然后开始挖雪，慢慢的一个雪坑出现了。雪坑足足有一米深。挖好雪坑，我俩又在雪坑的壁上向里挖，很快做成了一个雪洞。我又到最近的林子里折了一捆干树枝。一堆篝火在雪坑里烧起来了。同伴赶紧把装着他伯父的盒子放在近前。想必老校长也冻坏了。可是我似乎能感觉到，他在鼓励我们，只要坚持就能走出去。

我暗自给自己加油。

面包烤热了，麦香在雪坑里弥漫开来。我俩快要冻僵的脸又能笑了。一笑，脸部的肌肉和神经便苏醒了；耳朵一热，听觉也恢复了。恢复听觉后我听到的第一个声音是狼叫。这让我俩很不安。

同伴留我看守篝火，一个人拎上木棒爬出雪坑。他又搞到几根粗一些的断木。是的，不能让篝火熄灭，这团火就是希望。望着那团跳跃的篝火，我好像明白了铁匠卢：他一直让炉火燃烧着，是不想让什么东西破灭吧。

做完这些，我和同伴挤进雪洞，面对篝火轮换着睡觉。

一轮到我守篝火，同伴很快睡着了。风也骤然歇了，雪落也无声。这茫茫雪夜里除了枯木燃烧的噼啪声，再也没有别的声息了。连狼也打起瞌睡不再叫了。

似乎有一阵钟声在耳边回荡，“都来上都来上……”分明是我和孩子们的“上课钟声”。难道是意识出了问题，我开始幻听了。我用力摇摇头，清醒清醒一下混沌的意识。可是那钟声还是在耳边回荡着。我没了困意，爬出雪洞，在雪坑里站起来。我闭上眼睛，把注意力集中到听觉上来。

那钟声是实在的，不是虚幻的错觉。

不会错，我听出了音阶，正是我们的“上课钟声”。铁匠卢的手艺，林区里绝对再没有这样的铁钟声了。

我兴奋起来，困顿被钟声扫荡了。

可是，孩子们这个时候敲响“上课钟”做什么呢？他们在催我回去给他们上课啊！再细听，钟声来自那片林子的方向。莫非是在给我指路吗？对，在给我指路！我几步窜到雪洞口，把同伴叫醒了。

“孩子们敲响钟声了！”我告诉同伴。

同伴揉揉眼睛，没明白我的意思。不过，他也承认，他听见了隐约的钟声。

“你敢肯定是从那边传过来的吗？”我指着那片黑魆魆的林子。

同伴把手掌张开，放在耳廓上细听了片刻，然后点点头。

“那就对了！他们用钟声给我们指引方向！”我说着就背起行囊。同伴的困意也跑光了，背起伯父的骨灰盒子。老校长一定也在想，孩子们，干得好。还等什么，赶紧出发！

熄灭了篝火，我们爬出雪坑。我俩迅速穿过了前面那片林子。穿过这片林子，钟声的方向更明显了。我俩便坚定地朝这个方向走去。

有一阵，钟声歇了。大概孩子们放弃了，对我不抱希望了。我真想马上飞到他们身边，告诉他们坚持下去。

钟声一歇，方向感又模糊了。我懊丧地望着远方，偏偏这个时候钟声又起了。反复几次，我明白了。他们是在休息，每休息一会就再敲响它，免得我失去方向。

我彻底喜欢上了那座铁钟。其实，它造得有点粗糙，谈不上精美，只有音阶还算准确。

六

一路钟声。钟声歇我们就歇，钟声起我们就赶路。我们与那边的孩子达成了默契。山影又出现了。这回，我们顺着它的方向走。大约一小时后，我们似乎踩在了深雪下面的车辙上面。这就对了！我跟同伴说，脚下这条路就是通向目的地的。那座房子的黑影出现在坡顶的时候，大雪停了。大雪停多久了，我不知道。

我一口气爬上坡顶，站在操场上面。

小铁匠刚刚从教室里走出来，打着哈欠。一蹩（bié）一蹩地走向门口的铁钟。他戴着大棉帽子，握着铁锤儿。小铁匠一站在铁钟旁边，马上端正了。

当（都）……当（来）……当（捎）……

他敲得很稳重，很准确。我等他敲完，慢慢穿过操场，走过去。

“小铁匠……”

“老师……老师回来啦！他真回来啦！”小铁匠愣了一下，扔了铁锤儿，扯开嗓子朝教室里喊。

小铁匠刚刚喊出来，教室的门吱呀一声被蹬开了，小飞脚第一个跑出来。接着全校的学生也跟出来了。

“老师，我刚才睡着了！”小飞脚看着小铁匠，一脸的愤怒，“轮到我了，你怎么不喊醒我！”

小铁匠只顾笑着，扭过头看着我：“老师，我加塞儿了……”

他们按照值日表的顺序轮流敲钟的。

全校 12 个孩子都在。多出的一个黑影，是个大人，默默站在孩子们后面。他的个子有些瘦小。借着雪光，我看见一张挂满喜色的脸。

他朝我嘿嘿一笑，从老校长侄子手里接过那个盒子，自言自语道：“老校长先住我的铁匠铺……我给火炉填炭去。”

我不知说些什么才好，赶紧从包里翻那几条最辣的香烟。

我的双手冻僵了，还没来得及拿出香烟，他一步一滑地下了山坡。转眼间，被高高的雪丘遮挡了。

雪丘上方，漫天星光。灿烂的银河在静静流淌。坡底，铁匠铺泄出星星点点的火光，汇入了头顶的星河。

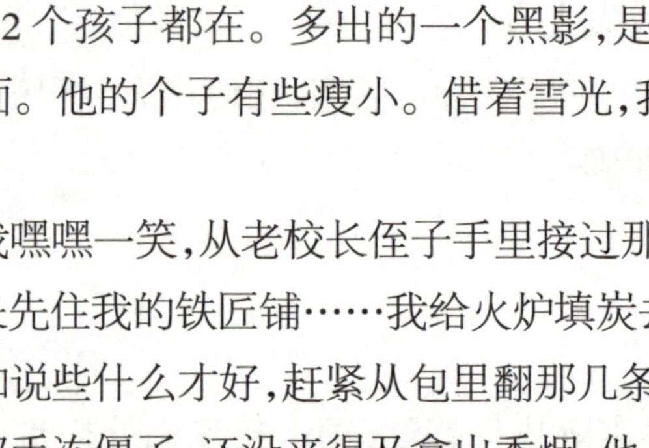

蜜　橘

马　车

一

太阳落山了！

晚霞从树缝漏下来，轻轻落在泥鳅奶奶发梢上，一下一下地跳动，好像一对对粉蝴蝶在飞舞。泥鳅跷着椅子，嘎吱嘎吱地响。泥鳅若有所思地晃动脑袋看奶奶挑黄豆。泥鳅，作业做完了没有？泥鳅奶奶问他。

老早就做完了。

哦，好生念书，要不然等你娘回家要挨屁股板子的哟，泥鳅呀，到里屋把筛子给我找过来。泥鳅奶说着直起腰，捶着肩膀，看见院落几只鸡扑腾翅膀，就咕咕、咕咕咕地吆喝。老母鸡听到吆喝伸直脖子四处张望一番，然后不紧不慢朝泥鳅奶走过来。泥鳅找来筛子，正准备进屋给奶倒杯茶。狗子和蚕豆滚着铁圈进来了，铁圈与铁勾发出一串串叮叮的音，一下子把空荡荡的院子塞得满满的。

蚕豆沿着墙角边滚圈，试图让铁圈贴着墙根奔跑，好像那样就能显示他滚圈的水平高，可铁圈没给蚕豆争脸面，铁圈好几次叮当一声倒地上了。泥鳅朝蚕豆喊道，嗳，蚕豆你干吗呀，把鸡吓得到处乱飞，一个破铁圈，滚、滚什么呀？狗子的铁圈子挂在肩上，一手捏着钩子，他讨好地回应道，就是，蚕豆，你那点臭水平显摆什么呀，别滚了，泥鳅，你家水桶还没散架子呀！

你家水桶才散架子呢，泥鳅把茶递给奶奶，他朝狗子狠狠瞅了眼。

狗子揉揉鼻子，他反问，上次你不是说水桶散架子，就有了箍水桶的圈，你就可以跟我们一起滚铁圈吗，你还说到时我们成立一个车队，叫什么英的……

英雄帮！蚕豆一撸袖子抹了抹额角的汗，他说，英雄帮，对吧，泥鳅。

嗯，就是英雄帮，我记起来了！

泥鳅鼻子一哼，骑在碌碡（liù zhóu）上，他说，什么英雄帮呀，我早就不想那个了，我娘说了，只有把书念好了，比啥都强！蚕豆说，泥鳅你娘出去好久了，咋不见她给你打电话？

打不打电话关你什么事呀，我娘在大城市干活，哪跟你娘那样，成天扛个锄头就晓得锄草、耙地，我娘见大世面去了，忙着呢！泥鳅把脸扬得老高，嘟起的嘴巴差一点就碰到鼻尖了。

嗳，泥鳅，刚才我路过拐子爷门口，看见他在修水桶，没准会多个铁圈呢，要不要我们去瞧瞧？狗子还在为英雄帮的事犯嘀咕，要是你有了铁圈，我们英雄帮一定要盖过猴子那个雪山帮，是吧，蚕豆！

嗯，一定把他们雪山帮比下去，踩死他们！说着，蚕豆狠狠跺了跺脚。

拐子爷有多的铁圈又不会给我，我不去！

狗子说，去吧，拐子爷老向我家借犁，他要是不肯把多余的铁圈给你，我就跟拐子爷说，以后我家就不借他犁了！

得了吧，拐子爷会听你的？泥鳅的脑袋摆得跟拨浪鼓似的。

要不然，我们就替他放几天牛！蚕豆瞪圆大眼，憋足了气跟泥鳅说，拐子爷最讨厌放牛了，只要他肯把多余的铁圈给你，我们就替他放牛！

泥鳅他们是在去拐子爷家的路上碰到细猫的。细猫耷个脑袋没精打采的样子。细猫说他刚被他父亲抽一顿刺条子，这会儿屁股墩还痛呢。细猫问泥鳅他们去哪，蚕豆嘴快，说他去拐子爷那里要铁圈去。细猫听说他们是去要铁圈，就笑了，他说拐子爷那么抠门，还能把铁圈给你们，我看没戏！细猫这么一说，泥鳅刚刚燃起的希望又要熄火了！

狗子你们滚圈吧，我不去拐子爷那里去了！蚕豆和狗子面面相觑不知所措地望着泥鳅。蚕豆支吾半天，讨好地把手中的铁圈递给泥鳅，泥鳅，给你玩！狗子好像明白什么似的，他也把肩上圈子递给细猫玩。

快到村口时，泥鳅的铁圈让一块泥疙瘩磕倒了。狗子看泥鳅铁圈先倒就收起圈，乐呵呵地揩拭额头，气喘吁吁地说，泥鳅，我、我赢了！

赢就赢了呗，有什么稀奇的！泥鳅把铁圈还给狗子，在树下挑了块石头，一屁股坐下，他说，肚子饿没劲了，要不然我才不输呢！

我肚子也老早饿瘪了，你听还咕噜咕噜叫唤呢！狗子摸着肚子，见泥鳅盯着他，就说，咋的你不信，不信你贴着肚皮听，咕噜响呢！

要是有个苹果橘子吃就好了，一咬一个坑，一口一个甜！蚕豆咂吧嘴喃喃自语，晚霞照在他胖乎乎的小脸上，红彤彤的，圆圆的脑袋瓜就像个硕大的苹果。

馋虫，哪有苹果橘子呀，做梦了吧？

蚕豆说，你才馋虫呢，橘子？黄瘸子的园子里结满了！一个个圆圆、鼓鼓的，跟小灯笼一样挂满树桠，上次黄瘸子还摘了一个给我，比红糖水还要甜，黄瘸子说他家种的是蜜橘，蜜橘你们晓得啵？

什么蜜橘，不就是橘子吗？咋还叫这个名呢？细猫凑到蚕豆跟前，眨巴眼说，蚕豆你不是在吹牛了吧，黄瘸子凭什么摘橘子给你吃呀？还蜜橘呢。

我、我没吹牛，黄瘸子真摘橘子给我吃了，我家还有橘子皮呢，不信等会儿你到我家去看，我娘说那橘子皮晒干了泡茶喝香着呢！蚕豆见细猫不信他说的，一下子急了，他站起来接着说，上次，我父亲到黄瘸子家收粮代金，我跟着也去了，人家黄瘸子说那蜜橘熟透了跟蜜一样，又甜又面，还养人呢！

狗子掐死一只黑蚂蚁，吐口痰把黑蚂蚁淹了。狗子操起铁钩敲打铁圈，叮叮——叮叮叮——叮叮，响音跟学校敲出的下课铃一样。狗子说，别吵了，蚕豆你不是说黄瘸子家的橘园挂满了果子嘛，那你带路，我们几个钻进去摘几个尝尝，看是不是比红糖水还要甜！

蚕豆结巴起来，他说，我、我可不、不敢！

我就知道你在说谎，不敢了吧，什么蜜橘呀，黄瘸子还摘橘子给你吃，呸，我呸呸！狗子朝蚕豆扮鬼脸羞他，泥鳅，我才不跟牛皮大王玩呢，细猫你呢？

牛皮大王，吹破牛皮羞死人，哟、哟哟！细猫食指往眼睑上一拔，眼黑一下子跑没了，白白的眼球盯着蚕豆乱转。

蚕豆额头沁出几滴汗珠子，跟蚂蚁一样慢慢爬下来，他说，黄瘸子园子里有狗，狼狗！你们不怕呀？

狗子说，不怕！

泥鳅，你怕不怕？蚕豆看见泥鳅眼光忽闪忽闪的，他知道泥鳅上次去偷西瓜让狗咬过，就说，黄瘸子家的狗是狼狗，跟警犬卡尔一样，凶着呢！

泥鳅又不怕狗，只要你带路，我们都去，不去就是胆小鬼，就是这个。狗子巴掌翻过来，手指头一紧一松像王八在爬。

二

马垅村像茄子形状分布百来户人家。黄瘸子家位在这茄子尾巴边上，泥鳅他们这会儿正从茄子蒂处往茄子尾赶，路上他们都商量好了。蚕豆在橘园外面放哨，要是碰到有人走近就学猫喵喵叫。泥鳅、狗子和细猫进园子，泥鳅和狗子摘橘子，细猫只管盯紧那条狼狗，来了就扔石头蛋子，叫狼狗在大家逃离橘园前不能近身。

经过拐子爷门口，泥鳅看见门墩搁着一截铁丝和一把老虎钳，刷了桐油的水桶倒扣在檐下。狗子凑上去手指头一划，嗯，好滑好香哟，泥鳅，你晓得啵，这桐油要是糊到头上，头发就钻不出来了，听说和尚脑袋上都糊桐油的，明亮亮的脑壳是让桐油浸的！

就你晓得，我老早就听我父亲说过，这桐油糊哪哪儿就不透气，脚盆面盆都糊那个油！细猫一撅嘴，不服气地顶了句。

泥鳅不理睬他们，他盯着那箍在桶腰间的铁圈。铁圈让日头照得闪闪发亮，馋得泥鳅恨不得立刻扒下那铁圈，他才不管成绩单上的零蛋呢。泥鳅昨天做梦都梦到自己滚着铁圈，把狗子他们远远甩在身后，狗子他们在身后拼命追，累得他们捂着膝盖头大喘气。一想到这泥鳅忍不住笑出声来。

泥鳅，笑么事呀？狗子搡泥鳅一把，泥鳅一踉跄，他这才从幻觉中走出来。泥鳅说，我们快走吧，天要是黑了，会瞧不见橘子的！泥鳅现在巴不得一下子钻进橘园，到时他一定要多摘几个橘子，他想要是拿橘子跟拐子爷换铁圈，没准拐子爷就会同意的。泥鳅这么一想精神气就蹿出来了，大跨步的脚好像要飘起来了。

三

泥鳅让狗咬了！

泥鳅奶是晚上烧洗脚水才晓得的，她叫泥鳅去拿洗脚盆，说把锅里的水先舀几瓢出来洗脚，剩下的烧开灌到开水瓶，做茶喝。泥鳅摸索半天赖在板凳不肯动，泥鳅奶以为孙子又调皮了，就吓唬泥鳅，长耳朵没，跟你说话耳都不耳一声，是不是屁股痒了！泥鳅一咧牙，扶着桌子角拐着左腿往灶台走。

脚怎么了？抽筋呀？

泥鳅没吭声，要是奶奶晓得他去偷人家橘子让狗咬了，那刺条还不把屁股喂饱呀！揭开锅盖，一团白汽腾起来，一下子罩住泥鳅的小脸，又潮又烫糊住泥鳅的眼睛，揉着眼往盆里舀水。泥鳅奶往灶口添了一把柴，接过泥鳅的盆，看见泥鳅眼角挂着泪花，伸出手要帮他揩泪。泥鳅一闪躲开奶奶，没想到往后退的时候，碰到灶旁的水缸。哎哟、哎哟。泥鳅咬着嘴唇蹲下来小心地摸摸那让狗咬的腿肚子。

你这是怎么啦，哪又碰痛了吧！泥鳅奶往洗脚盆掺着冷水，说，都是小男子汉了，莫动不动抹眼泪，丢人啵，晓得呗，男子汉有泪往肚子里流，起来，洗脚！

泥鳅擤擤鼻涕，脱鞋洗脚。泥鳅奶叫他把裤腿挽高点，省得让水打湿了。泥鳅没听奶奶的，他只是把脚趾往高踮，脚后跟落空，半个脚背露在水上面。泥鳅奶灌完开水，见泥鳅这样，一生气蹲到泥鳅跟前，把泥鳅的脚摁到水里，要帮他挽裤脚。水又不烫，翘那么高做么事，划船呀？

哟，你这腿肚子是么的，这么深的牙齿印，狗咬的吧？泥鳅奶看到伤口，问泥鳅是么回事。泥鳅却呜呜埋头抽泣起来。

第二天，泥鳅不知道奶奶从哪弄来的鱼腥草。泥鳅奶巴掌一搓泥泥的鱼腥草糊在泥鳅伤口上，盯着又红又肿的伤口，摆头叹气道，泥鳅呀，奶跟你说几多回了哟，莫做歪门邪道的事、莫做歪门邪道的事，你就是不耳奶奶的话，这下可好，让畜生咬了吧，看你下回还长不长记性，好好躺着，亏得今天是礼拜天，要不然就掉一天课了，唉，你莫动哟，奶去搓几件衣裳！

泥鳅看见奶奶说这话的时候，不时拽衣角往眼角送。泥鳅抿嘴点点头，望着奶奶出了房门。日头光从窗棂翻进来，一个巨大的光柱明晃晃斜靠窗台，光柱里飞着无数个细小的灰尘，泥鳅看着那些飞舞的灰尘慢慢地朝自己飞过来，他担心那些灰尘飞到自己肚子里，结成厚厚的垢。泥鳅把被子往上一拉，他想藏到被子里那灰尘再找不到自己了，这么一想他会心地一笑，闭起眼睛又开始想娘了。

泥鳅做了个梦，梦见了娘，要不是狗子喊醒他，说不定泥鳅还可以跟娘多说一会儿话呢。狗子说，泥鳅，你奶去跟黄瘸子吵架去了！狗子没骗你！细猫站在边上给狗子作证。

泥鳅不信。狗子就怂恿泥鳅跟他们去黄瘸子家看看。泥鳅犹豫了一会儿，就跟狗子他们出了门。

四

黄瘸子拄着拐杖，咬着烟屁股巴掌拍得叭叭响，大伙评评理，我扎了篱笆墙，人家偏要钻进来，偏要送到狗嘴里，你们说这怪谁，怪我呀！还要我赔打针的钱，这算哪门子事嘛？

泥鳅奶瘫坐地上，她捶着胸口说，小孩子不懂事，我们理亏在先，我家泥鳅损了你家几多橘子，等泥鳅他父寄钱回来赔你就是了，可怜我家泥鳅腿肚子咬了那么深的牙齿印，早晨我看那口子又肿又脓的，要是像周婶说的那样，得了狂什么病的，我老婆子也不想活了！

泥鳅奶胸口捶得跟鼓一样，一下一下好像落在泥鳅身上，泥鳅背着巴掌把眼角擦了又擦。泥鳅奶擤过鼻子接着说，他黄大叔，今日你无论如何要把打针的钱给我，我家泥鳅的病不能拖，今日要是不给我，这张老脸我也不要了，我今日赖在这里不走了！

黄瘸子鼻子一哼，吐掉烟屁股，拐杖一拄，一耸一耸地拨开人群，说，我不跟你老婆子吵，我找村长评理去，看我该不该赔这个冤枉钱！

泥鳅奶摇摆不定站起来，试图要拉黄瘸子的胳膊，不想黄瘸子往后一推。泥鳅奶一下子没站稳，摔在地上，额头铲了块皮。泥鳅奶一抹，巴掌沾有血，她喘着粗气再一次站起来，朝前头一耸一耸的黄瘸子喊，瘸子，你这个死瘸子，有本事当着众人的面把事情摆清楚，找村长——找村长，我又不怕呀！

泥鳅看着奶奶跟在黄瘸子背后，一步一踉跄去村长家了。细猫要拉泥鳅一起到村长家看热闹，泥鳅没去，他一声不吭回家。

泥鳅连着三天到卫生院打了三针。泥鳅不知道那钱是不是黄瘸子给的。细猫跟泥鳅说，那天黄瘸子跟你奶奶去村长家，黄瘸子横竖就是不给打针的钱，还说没让你家赔橘子钱那是给你奶脸面了，要想他给打针的钱，除非太阳从西边冒出来，黄瘸子说那话，拐杖一下一下敲打地面，等黄瘸子停下来，脚跟前出了个碗口大的坑。细猫还说，泥鳅，你奶那天靠在村长家那棵梧桐上，拉着村长诉苦说你腿肚子让狗咬肿了，说你要是得了狗病，她没法跟你娘你父亲交代，她不想活了！

泥鳅鼻子一酸，眼泪打湿手背，他问细猫晓不晓得哪个给的打针钱。细猫说，村长跟你奶说好话，说他肯定要帮你奶做主的，让你奶先回去，村长等你奶走了，把黄瘸子狠批了一顿，后来把他叫进屋，趴在窗口你猜我听到了么事？

么事？

我听黄瘸子说，村长，其实我也不稀罕那几个钱，关键我摸不开那个脸面，当着大伙的面我跟她出打针的钱，那大伙还不把我笑死呀，赔了橘子又赔钱，那我不是比当年孙权还要亏嘛！

村长怎么说？泥鳅把眼泪揩干，问细猫。

村长好像是说，泥鳅娘老子都到外面赚钱去了，你让马大娘一个人么办呀，要钱没钱要劲没劲，马大娘这个人你又不是不晓得，她是个要强的，要不是遇见过不去的坎，她也不会找你！

泥鳅开始埋怨蚕豆了，他说，要不是蚕豆那个王八蛋说黄瘸子家有橘子，我们也不会想到要去偷人家橘子的，不去偷橘子，我也不会让狗咬。

细猫接着说，我听黄瘸子支吾半天，说他顶多出 5 块钱，多一个子没有，村长哈哈地笑了，说你再添一块，哪个不晓得你今年的橘子长势喜人呀，还在乎这块把钱吗？接着我就听见窸窸窣窣翻口袋的声响，再接着黄瘸子摔门出来了。

哦，细猫你说黄瘸子出了钱？ 5 块！泥鳅睁圆大眼，盯着细猫，你不许骗我，我们拉钩，谁骗人谁就是小乌龟！

不是 5 块，是 6 块！细猫屈着小指伸过来。

泥鳅还记得那天，奶奶回来没一会儿，正拿个热毛巾敷额头破皮的伤口。村长就给奶奶送钱来了，总共 11 块，说是黄瘸子给的。

起初泥鳅还不信呢，他认为黄瘸子那么凶还把奶奶推倒，他肯定不会出打针钱的。现在听细猫这么一说，他觉得黄瘸子还是个好人呢，村长也算一个！泥鳅要把细猫跟他说的告诉奶奶……

五

泥鳅的娘打电话回来了。泥鳅有一肚子的委曲，他说，娘，我奶把家里那头猪卖了！

为么事呀，那猪不是正长架子吗！

都怪我！泥鳅声音哽咽，我去偷黄瘸子的橘子，让狗咬了，我奶找黄瘸子要打针的钱，开始没给还把奶推倒了，额头都铲破皮了，村长为我们说话了，最后，黄瘸子和村长都出了钱，我奶把猪卖了，说做人要硬气也要晓得报恩，就把他们的钱给还了，奶还到黄瘸子家买了一袋橘子，橘子可甜呢；哦，娘，拐子爷还给了我一个铁圈，可我现在一点也不想玩它了，一滚那铁圈叮叮响，好像有个圈箍在我头上，叮叮叮响吵得我尽做噩梦，前天，我把圈给细猫了，我要好好读书！娘，我跟奶好想你们……泥鳅奶搂紧孙子，箍得他喘不出气，泥鳅看见奶奶眼睛亮晶晶的，额角的皱纹苏醒过来，笑容漾了出来……

我的哥哥吹笛子

李丽萍

听着，如果您想做一次假日旅行，最好能到我的家乡来看一看，这里有独特的美丽风光，峰林叠翠、山峦起伏，变化多样的四季，是真正的桃花源，你来过一定不会后悔的。不过你得走过好几座蓝色的大山，穿过一条又深又长的河才行。河叫做牦牛河，记住，那可不是一条随便让人游泳的河，它很凶的。

这里是一个不到200户的小村子，公路与这里不通，只有绕盘山路走一天才能出去，或者走很远到河边过筏子才行。这就决定了我们平时很少出门，很多很多年，我们像田鼠一样生活在这里，所以等我出生时就有了这个名字：小田鼠。

听着，我不求你们能够喜欢我们、爱我们的生活，但至少应该在感情上尊重我们，所以，当你来到这里，在美景之外，如果看见一些贫穷的人时，不要像有些人那样耻笑我们。

我们是很穷，生活全靠自给自足，但过得淳朴、简单、快乐。我们的父辈们一生别无所求，只求有一块属于自己的土地，在上面耕种。他们很辛苦，一辈子都不知道外面的世界是什么样子，没上过楼梯，没打过“的士”，没进过电影院，日出前上山干活，日落后回家，每天都是如此。

我的爸妈也一样，我和哥每早送他们上山，晚上就去村口的树下迎他们回家，有时会迎到很远的地方去。月色格外的明亮，连地上的蚂蚁都能看得很清楚，微风吹到脸上，我走着走着都打盹了。再过一个半月我就12岁了，我还长了两颗后牙——

你也许会说，这么平淡的生活是不值得在这儿浪费口水的，我要说的是就在我长新牙的这年，我们的生活不再平淡了：我哥变了。

其实我要说的事情和我的哥哥有关，请你准备好听一个不可思议的故事吧。

哥自从中学毕业后就变了，每天都有一种新的东西，一抹亮光，一个令人惊讶的变化，反映在他身上。

他个子长高了，声音也粗了，还长出了喉结，他们管这叫长大。他变得爱打扮，不再带我出去玩，不再和我打水仗，也不再让我随便骑跨到他背上去，他只跟他的同学在一起，这使我感到孤独。我甚至有点怀念过去的生活，我们俩经常为了争什么东西头顶头地干起来，每次妈妈用粘着米饭的勺子，或是用鞋子、笤帚痛打哥哥一顿，他才住手。

所有这些变化都不算，有一点我最不能容忍：他简直就是个16岁的“爹”。

像山里的许多孩子一样，我把学习看成是讨厌的枷锁，无望的前程，总是愿意把时间和精力花在广阔自由的天地里。可有了哥，我就不能再逃学了、不能打架，路上也不得不放弃许多诱惑，尽快回家做作业，如果做不对，还挨他的责怪，我常常是敢怒不敢言。

“你要是再考个60分，我就踢你个屁滚尿流。”他说。

“你不也考过吗？”我回了一句嘴。

为了这句话他足足追了我二里地。我感到恼火又毫无办法，这时候我就盼着哥去吹他的笛子，这样他就没时间理我了。

哥很爱吹一支竹笛，山里人见他认真，就夸他吹得好，哥就更入迷了，时常一个人到林子里去练。他就是这样一个人，做什么事都非常专注和投入。

发现他躲在这里学吹笛子，我就跟着，陪在他旁边，也找根棍子弄到嘴上，模仿他吹笛子的动作。接下来我说的话真是昧着良心，可是你也会和我一样做的：

“你吹得真好。”我说。

“这是天分。”他用袖子小心地擦了擦笛子。

我感到没趣，只好走开。

当然，我也有自己的事情可干。我的任务是找到那些乱下蛋的母鸡，或者去喂我的牛犊，更多时候我到处闲逛，从一片山林逛到另一片山林，拿弹弓去打鸟。我熟悉那里的每一棵树，几乎把它们都爬遍了。

在秋日的山林里漫步，真是其乐无穷。

最棒的是整片林子都充满了鸟语，婉转动听而且响亮，从 4 月到 10 月我从不需要妈妈来叫醒我去上学。听到鸟叫声我就起床，带上书包和饭盒，沿着林中小路去上学了。

我们的学校就坐落在树林外端，掩映在绿树之中，可美了！

哥每天很晚才回家，我从窗子能看到他。哥坚定地握着他的笛子，不慌不忙走回来。

我的房间有着非常好的视野，能一览院外草地上的羊群和青葱的山脉。

这个季节真是生机勃勃，一派明媚，篱笆墙上更是春花烂漫，蜂飞蝶舞。外面的美景总是让我分神，我写着写着就凝望起外面来了。

见哥回来，我连忙写起来。

在哥哥看着我写作业的时候，我的一绺头发不知为什么总是垂下来挡住眼睛，我不得不一次又一次去撩它，简直没法写了，因为紧张，题也老是算错。

哥一把将我推倒在地。我马上就哭开了。

“别哭，一会儿妈打他，啊！”妈在外屋狠狠地喊道。

我喜欢哭，还喜欢找点事情告哥的黑状，让他挨妈妈的骂我感到很好玩：但是哥偷着抽烟的事我可没敢告诉妈。

哥用拇指和食指夹着烟，装出一副老练的样子，然后用手指着我。“记住，你要是说出去，就要你好看了。”

“知道，你就狠揍我一顿呗。”

“对了。”

“那得给我一根。”

于是我们俩并肩坐在树墩上，抽着烟，咳嗽着，望着远处的山谷。

从山谷望过去，落日正放着红光，一眼望不到尽头的巍巍山林被夕阳的光线照射着，有一种异常的寂静和某种模糊的预兆与象征。

我们看着远山，看着纯净的微风，也没有许多话要说。

这时哥哥又拿出竹笛来，动听的声音便在寂静中传出老远老远。

我发现，哥的笛子吹得越来越好了，真的。

瞧吧，我们面前的山冈上郁郁葱葱，每个小山丘上都点缀着黄色、红色的野花，在这样的笛子声音里，人的心里面不由得会产生出一种美好的愿望：你希望大地上总是有那么一种纯洁善良美好的事物，美得让人叹气，让人陶醉，让人感动，甚至让人流泪……

吃完晚饭，哥躺在麦草上，愣愣地望着天空。

哥的这个变化是最明显的，他总在想心事，我总想知道哥在想些什么，所以总爱跟在他的屁股后头，他走我也走，他坐下我也贴近他坐下，边打量着他的肚子。我觉得哥那一肚子的心事，就像老母鸡有一肚子没下出来的蛋一样。

“怎么办呢？小田鼠，你说。”哥叼着一根草，头枕着手望着天空。

“不知道。”我低声嘟囔了一句。

最近我的学校开学要不少学费，爸爸拿不出，我也被弄得挺愁的。

我折了根树枝，在地上乱划着。我还爱走神儿，不久我就想到别的事情上去了。

“要不我就不念了，去地里干活？”我暗自留心他的表情。

哥歪过头看了我一眼：“没出息！”

“那怎么办，要不就去抢银行。”我说。

哥又看了我一眼，又去望远山，青春有力的胸膛随着呼吸一起一伏。接下来就进入了一种奇怪而漫长的沉默，这沉默似乎笼罩了整座树林，没有什么声音来打破它，只有几只乌鸦不祥的叫声。

我起身回家把这件事告诉了爸和妈：“我哥想抢银行呢！”

爸和妈都怀疑地看了我一眼。

“不信拉倒。”我用树枝抽打着地面说。

有意思的是，爸妈开始盯哥的梢了。

有一天哥待在屋子里时间长了点，爸妈就不放心了，他们放下手里的活计，朝房子走去，一齐俯在窗口朝里面探头张望，桌子上摆着哥从柜子里掏出的衣物。

“他在干什么？”妈妈在爸爸耳边低声问道。忽然间哥的脑袋从窗下升上来，他们三个的头砰的一声撞在一起。我开心地大笑起来。

这是一个宁静的夏夜，有许多萤火虫在飞舞，月亮升起在山谷之上，照出了山冈黑黝黝的巨大轮廓，照亮了村子的每个角落，也照亮了我们家的房子，使我家屋里的各种东西都变成了浅蓝色。

爸在抽烟，妈在干活，大家全都一言不发。

“你找出那些衣服想干啥？”爸问。

“去打工赚钱。”哥说。

“去打工？！”爸和妈异口同声。

“小田鼠快要交学费了。”

这个说法让只上过小学的爸爸发了好一会儿呆。

“交不起咱就不上了，认识俩字会算个账就得了，那玩意儿能当饭吃吗？”

“说了你们也不懂。”哥的口气开始不够好了。过去哥从来不这么说话。他真的是变了。

“你看他那个熊样儿，像是有出息的人吗？”爸用下巴指指我。我连忙垂下眼睛。

“出息不出息是他的事，供不供是咱们的事！”哥生硬地说。

爸深吸了一口烟，又慢慢地呼出来，我明显地感觉得到他在强抑怒火。

“我就不明白了，在咱这个家，到底你是老子还是我是老子？！”

屋里寂静得可怕，当时我在写作业，笔在纸上发出的沙沙声有些刺耳，于是我一个字也不敢写了，偷偷地离开了屋子。

我很善于让自己变得不引人注意，也很善于无声无息地消失。我让自己相信，只要我不待在他们旁边，他们就不会吵起来。

我到牛棚去玩。我把我的小牛犊当做最亲爱的朋友，几乎天天跟它在一起。它吃草的样子可有气派了，舌头一卷，沙拉沙拉，就把草料给卷到嘴里了，你想学都学不来。它的嘴里总是一嚼一嚼的，好像老有嚼不完的东西，有时我扒开它的嘴想看看它在嚼什么，但它把头扭过去不让我看。它的眼睛在幽暗的牛棚中变成了两盏奇异的蓝色小灯，可美了。

我抚摸着它，亲它的湿鼻子，小牛也伸出长长的舌头舔我。我感到十分宽慰。

我一直在它身边待了很久，然后又到闲屋去，在那里找到一根锨把，我把它当成剑在月光下抡来抡去，捅破了两张蜘蛛网。无意中还有了一个令人惊喜的发现：在潮湿的柱脚下长了一棵模样挺逗的细腿羊肚菌，我琢磨了它好久。

顺着柱脚往上看，发现房梁更好玩，于是我爬上了房梁。

梁上积年的灰尘被我一碰，像瀑布似的倾泻下去。

我在梁上盘腿坐着，任头发垂下来挡住眼睛。房顶上的鸽子咕咕直叫。

“我不向你们要一分钱路费！”我听到哥吼，“我就是要去！谁想管我，没门！”

他这个人很犟，一旦下了决心，九头牛也拉不回来。

“你去地里的活谁干？你去给我看？我打断你的腿！”

爸爸也是头一次发这么大的火。他大骂起来，接着我听见屋里传来摔砸东西的声音。

我明白事情糟透了。

在哥哥逃跑以前——他是在爸动手要打他后逃跑的，和他一起不见的还有窗下的两捆葱，除了我在一天天长大之外，其他没有什么变化。我的生活还像往日一样，早起穿衣服，吃饭，然后去上学。

青翠连绵的山脉依然如故，我平静的家园，恬静的心灵，也和从前一样。因为没哥来管我的学习，我把更多的时间都花在了玩耍上面，倒是自得其乐。

在那些无所事事的日子里，我致力于对风筝的研究上，对此非常入迷。但是放学后我时常会到哥哥常吹笛子的那片树林做一次短暂的郊游。

夜里我时常睡不着，静静地听某只迷途的狼在林子里忧伤地嗥叫。

我打开窗子，探头出去细细地嗅风的味道，风里有一种让人不安的气味；在山峰之上，月亮发出寒冷的亮光，照耀着一群飞过的大雁，那凄凉的叫声划破了夜空。

天越来越冷了。寒风吹着谷仓门上生锈的铁链发出叮当的响声，这声音使我郁闷无比。我每天都很想知道，第二天早晨的太阳会不会带哥回来。

一个月后的一天，哥终于回来了。他看上去又黑又瘦，我差点认不出他，下巴上还多了些黑黑的胡楂。

不管怎样，我的心一下子就放下了，整天担心一件事真够烦的。

当时我和几个好伙伴正在试放自做的风筝，哥一脸喜气洋洋的样子走来，一句话也没说，上来就抢。我力气没他大，风筝就到了他的手里。

哥放开更多的线，让风筝高高的升上天空，我紧紧地跟在他后面跑。没想到他突然松开了手，风筝脱了线飞往高空！

我追赶、喊叫，风筝片刻就成了天空中一个黑点儿。

哥没追，而是得意地朝着它飞走的方向说：“哈哈，飞吧，飞吧。”

“坏蛋，你赔！”我气哭了，捶打着他。

哥笑着攥着我的两手就是不叫我打，一边嘲弄地说：“还是这么没劲？快点长吧，就像我一样。”他举起一只胳膊显示着，上面已经有了肌肉和青筋了。

突然间他放开手，像野兔子那样跑掉了。

“来追我呀。看你追得上！”

我一跳就追了上去，速度之快，前所未有。

追到半路，我累了，哥也停下来，我们都张大了嘴喘个不停。尽管天气寒冷，可我们身上直冒热气。然后我又追，他又开始跑。

我们彼此总是有一段距离，最后都跑不动了。哥一屁股坐在一块石头上，这时从石头下面跑出一只野兔，把他吓了一跳。

“哈，你生了一只兔子！”我叫道。

“抓回去吃肉吧，吃兔子肉才能跑得快。”

“呸！”

“不行吧？”哥喘息着，挽起裤腿拍给我看，“这是男人的腿，所以才跑得快，你的腿上连根毛都没有，所以才跑不过我。”

“呸！我也会长的！”

我喘息了一会儿，什么也没说，站起来又追。

夜里，我好久都睡不着，从被子不时发出窸窣声，我知道，哥也没睡。

“小田鼠，睡不着？”

哥把我的头从被窝里扒拉出来。我感觉到他的手和从前不同，粗糙皴裂，刮得我的脸生疼。

“嗯，你呢？”

“我也睡不着。来，说说话吧。”

在暗淡的光线中，他的眼睛闪闪发亮，闪烁着不寻常的激动的光芒，即使在黑暗中，我也能觉得出他在笑。

“知道我为啥高兴吗？我挣到钱了！”

我吓得不敢问钱是怎么挣来的，是不是他真的去抢银行了？

哥说，他卖掉了家里的葱做路费，去给一家小煤窑背煤，每袋一百多斤，每天背三十来趟，忍受常人很难忍受的潮湿、粉尘、恐惧、难闻的气味，两次与死神擦肩而过，正好背了一个月。

“你摸我的背。”哥把背拱给我，“轻点呀。”

我摸了一下，慌忙把手拿出来。

老实说，他后背上的疤让我恶心，我再也不想摸第二下。

“我挣够了路费，要出去打工给你挣学费。你应该继续上学，不能像这里的人一样去生活，我是没啥希望了，但你有。我过两天就走，坐火车去！”

“真的？！”我兴奋无比。

我仿佛听见火车轰隆隆的驶过暗褐色的田野奔驰来了，它平顺快速地穿过凉爽苍翠的山区，车轮与铁轨的摩擦声渐渐传入耳鼓，那是种令人振奋的声音，是神秘的，关于远方、希望和美好未来的象征，让人不由自主地追随它而去。

“哥，让我去送你吧。”

“好！”

“到时让我坐一回筏子行不行？”

“行！”哥不假思索地答应下来。

我高兴地扑上前抱住哥，要把他摔倒，哥假装挣扎一番，我们一齐倒在炕下，在地上滚成一团。

门外传来爸的喝斥："还不睡，闹啥！"

第二天我早早起来，很勤快地把柴火抱进屋去。妈见我主动干活儿，就支使个没完："小田鼠，把水倒掉。"

我只好把盆里的脏水倒掉。

"小田鼠……"

我有点烦，趁她还没来得及支使我干更多的活儿，我赶紧溜了。

我漫无目的地在山坡上闲逛，找个没人的地方坐着发呆，望着旷野出神，光想着牦牛河。

我的脑袋里装满了牦牛河的河水，长满芦苇的滩地、野鸭、筏子，根本没有装别的事的地方。我多么盼望那个时刻早点到来呀！

这一天终于来了。有一天哥一回家就兴冲冲朝我喊："小田鼠，来了来了！"

我从屋里箭似的射出来。门外停着一辆崭新的马车，我一下子就跳上去，占到了车辕的位置。

终于，车轮和车辕嘎嘎作响，马车开始上路了。

我喜气洋洋，觉得自己成了个国王，心中充满了幸福和光明。蓝色的大山慢慢向后退去，仿佛在给我和哥送行似的，不久，我们身后那个桃花源般的村庄变得又小又暗淡，失去原有的光彩和魅力了，而在我的面前，展开了一个广阔、神奇、充满乐趣的天地。

一路上我雀跃不已，一会儿指给哥看不断变化的景色，一会儿又指给他看天空中的白云。一路上我学着鸟叫，幻想着像它们一样飞出这马车，早早飞到河上去。

"快看哪，小田鼠！"哥突然指着远方说。

远处闪着光的一定是牦牛河了！

我在马车上坐不住了，一刻不停地起身又坐下，脖子伸长了好几寸，眼睛瞪得圆圆的，以便看得更清楚。马车却故意跟我们作对似的，走得极慢，马垂头慢吞吞地走，像在数自己的步子。

我和哥迫不及待地跳下车，朝河边跑去。离很远就听见了河水的咆哮声。

是的，那是牦牛河！汹涌的河水向下游冲去，在乱石之间奔腾而过，发出隆隆水声，有一种庄严的气势和一种一去不回头的雄伟气概。

整个世界尽在我的眼前：晴朗的天空、奔腾的河水、清新的空气、辽阔的土地、宽阔的河面，这一切多美丽呀！

我激动得浑身颤抖，恨不得马上就从河上荡过去，荡到空中去，荡进云彩里，在河面上飞翔。

哥欣喜地看着这景象，把背包往上一掂，两手扩在嘴边，洪亮地叫道："过河啦——"

我也学哥哥，把两手扩在嘴边："过河啦——"

管筏子的人就在对岸的什么地方，要有人叫他才肯出来。他在树丛里出现了，也把手扩在嘴边："筏子涨了！"

"什么？！"哥吃了一惊。

"涨价了！每人 10 块！"那人喊。

我哥呆住了。

"过不过？"对岸问。

哥看我一眼，眼神带着忧虑。

"哥，让我过吧，然后我再绕道回去。"我恳求他。

如果我绕回去，只收一个人的过河费，但是得走大半天才能到家，即使是这样我也愿意。现在就算有人用地球上最昂贵的奇珍异宝和我交换过河的机会，我也未必答应。

“不行，你没听说前年出的事吗？有个孩子绕山回去，结果掉山崖下去了。”

“不嘛，我就过！”

“不行就是不行！”哥坚持着，“少啰嗦！”

我从来都争不过哥，这次当然也争不过。我木然地站在那里，大老远的跑来，难道白来了？一腔希望转眼全落空了，我无法接受这个打击，抽泣起来。

哥忙瞅向别处，“等等，我先算算啊……要坐客车，这样坐火车的路费就不够了，还要吃饭……”

我毅然地抹了一把眼泪，“哥，我不过了。”

“不行的话，我不坐客车了，走着去火车站……”哥还在算计。

“不，哥，我不能让你走着去，我不过了。”

“不，走着去没什么，沿路要点饭吃，只要能到城里就行。我弟就这点要求，我这当哥的还做不到吗？”哥眼里泪花闪闪，坚定地说，“哥一定让你过个来回！”

“我回去了！”我掉头就走，哥在后面大呼小叫的，我连头都没回一下。哥看见我这么犟，便说：“你不过就算了，送送我还不行吗？”

我站住脚，回过头，含泪微笑着看着他。他也笑笑，却低下头。

哥上了筏子，慢慢地向前移动了。他滑去的时候什么声音也没有，像在飘一样。我朝着他不断地挥手，他也是。

再见，哥哥。

站在河边，我极目远眺哥哥远去的方向。我看到他上了岸，在那片开阔的草地上越走越远了，一条大路一直延伸到无尽的远方。

在那里，太阳像一个巨大的火球，闪耀着壮丽的光辉；在那里，汇集了世界上所有的美丽景致；在那里，每块土地都在讲述着未来和希望，神秘和未知；在那里，一切是那么的深刻而崇高，远非现在的我所能理解，而且会随着我的成长而成长……

当哥走去的同时，我也开始了想象——我想象自己也坐上了这筏子，飞呀飞呀，朝对岸飞去。

我心里忽然诞生了一个新的想法：我要对得起哥哥，我要努力，将来也会为了某个成就远走他乡。我甚至想象到了我出山那天的情景：爸爸妈妈和村里的所有人都来河边送我，依依不舍，嘱咐再三。在学校里，老师还在讲课，桌子前唯独缺少了我，而我的同学满意地坐了靠窗子那里的位置，学习最好平时最傲的女班长也对我非常钦佩，可是你说我会理睬她吗？！当我从山外回来的那天，我带回的新鲜东西让从没见过什么美好事物的可怜的爸妈惊喜激动不已……

眺望着眼前的大地和群山，我心情渐渐明朗了起来，我应该马上为这愿望做点什么才对。想到这，一股激情在心里澎湃汹涌，我都有些迫不及待了。

“呀嗬——”

我大声喊，遥远的群山里响起了巨大的回声，好像它也和我一样满怀激情似的。

喜鹊也会忧伤

心　泉

一、沉重的枷锁

“思飞，快起床，一会儿上美术课该迟到了。”这是一个星期天的早晨，陈思飞被妈妈的喊声从睡梦中惊醒。他一骨碌从床上爬起来，像一只正午的小猫，打着哈欠，伸着懒腰，眼睛眯成一条缝，一边不情愿地穿着衣服，一边嘴里嘟囔着：唉，星期天都不让人家睡个懒觉啊，还不如上幼儿园那时候呢。

陈思飞今年9岁了，读小学三年级，任班级学习委员，功课的繁重让他过早地戴上了近视眼镜，本来学校的功课并不多，自从有了延时班，回家除了让家长签几张卷子外，几乎没什么作业了。倒是课外的课程累加起来的作业让思飞有些喘不过气来。比如周三周六的英语、周日的美术和书法，或多或少的都要留些作业，弄得他几乎没有了自己的喜好。

“思飞，穿好了没有？快点刷牙洗脸，吃饭了！”妈妈又在客厅催促了。看看床头的小花猫闹钟，指针已快指向了7点，小花猫瞪着一双大眼睛，翘着胡子，仿佛也在催促他。“来啦，来啦！”虽不情愿，陈思飞仍快速高声地应和着妈妈。他知道，自从父母离异后，妈妈带他生活是多么不容易，所以他拼命学习，为的是让妈妈高兴。匆匆吃过早餐，他们坐上公交车，去赶往学校的路上。正值隆冬时节，母子俩穿着厚厚的羽绒服，坐在有暖风的车上，过了一会，显然有些发热了。思飞松了松围脖，出神地望着窗外过往的车辆。远远地望见前面的公交车站上，站台上站了好多人，他们都齐刷刷地把脖子直直地抻向车来的这个方向。思飞想，大概长颈鹿就是经常等公交车，脖子才抻得那么长的吧。他暗自为自己的新发现而感到骄傲。过了这站，车继续行驶，迎面开来一排挂着彩色气球的婚车，思飞的眼神有些羡慕同时还夹杂些感伤："快点长大吧，长大后，做了新郎，总不会让新郎在星期天去上课吧。长大了，还可以像爸爸一样去国外转转，但肯定不会像爸爸那样，抛弃了妈妈。我要保护妈妈，像她保护我一样。"思飞天真地想着。车继续向前行驶着，思飞仍痴痴地望着窗外，妈妈也不去打扰他，知道这是他们娘俩最放松的时间了。一个红灯信号在他们前面亮起，车子停在信号灯前。

这时，与他们垂直方向的车辆开始通过。一辆，二辆，三辆，思飞不经意地数着，心想，星期天这么多车出来，好好在家休息一天多好呢。数着、数着，思飞的眼神出现了异样，又是一个长长的车队，进入了思飞的视野，头车的窗前摆放着一位慈祥老爷爷的黑白照片，每辆车前都戴着一朵大白花，车队很快就开过去了，思飞的脖子似乎被谁掐着，随着就扭了过去，继续看车的背影。他发现这个车队，每辆车后面都贴着一个号码：90。这令他不解。"妈妈，那个号码是什么意思呢？是车的序号吗？""噢，是这样，这位爷爷睡了一觉，没睡醒（妈妈极力避开那个敏感的字眼），今年应该是88岁了，加上天一岁，地一岁，所以爷爷的车号是90，代表年龄。"思飞有些释然地说："怎么没睡醒呢，爷爷肯定是累着了。还有什么比做功课更累的呢，爷爷这么大年纪还用做功课吗？爷爷肯定去了一个不用去做功课的地方，你看他笑得多开心啊，要是我也能睡不醒多好啊！”“瞎说！”妈妈急忙打住他的话。要知道思飞可是她现在全部的希望，她希望他健康成长，将来有出息，不求他对自己怎样，只要孩子好就行。

他们下了车，一路小跑，来到了学校，还好，离上课还有十几分钟的时间。在走廊里遇到了同班同学何碧月，她也是来参加美术学习的。“喂，陈思飞，你报名参加五项全能比赛了吗？”碧月细声细语地问。“五项，哪五项？”思飞一边擦着镜片上的雾气，一边问。“哪五项都行，只要满足五项，比如我报了舞蹈、古筝、美术、书法、游泳。”“噢，那我恐怕还不够，我只学了美术、书法、围棋、跆拳道。”思飞有些难为情地说。“要不，再去学个乒乓球吧！”妈妈及时把话补上。“妈妈，我已经……”思飞望着妈妈期盼的目光，把要说下去的话硬是像咽药片一样给咽了回去，本来是想说“妈妈我已经很累了”。“你已经长大了！是吗？”妈妈依然充满期盼地望着思飞。“是的，妈妈，我已经长大了。”思飞慢吞吞的，声音小得仿佛只有自己才听得见。

课间休息时，思飞与碧月站在走廊的窗户前，有过这样一段对话：“碧月，你真的愿意参加那五项全能吗？”“唉，还不是我爸硬逼的，他认为我样样都得好，这样他在单位，尤其是员工的面前能抬起头来。除了跆拳道，只要我能学的，他都让我学了。还说什么吃得苦中苦，方为人上人，学的多就可以成为人上人吗？人上人到底是什么标准？”“我觉得不管成为什么人，首先得身体健康、心理健康吧。你看咱们班的彭浪天和左菲菲在外面也没补什么，学习成绩不是同样出色吗？”思飞应和着，“对呀，对呀，你看彭浪天的作文中写到的乡村景色多迷人呀，袅袅的炊烟像纱巾一样挥舞在乡村的上空，还有那会唱歌的青蛙王子守候在月光下的田野。”碧月的眼神越发的明亮，“是的，这都是他在乡下的姥姥家看到的。乡村的优美风景，远远胜过我们手中所画的画啊！”思飞有感而发，“还好，我们每天还可以做梦，我的梦里会经常出现一只红喜鹊，是喜鹊王呢。她让我取下她身上的一根羽毛当进入梦之门的钥匙，那么我每天晚上都可以去喜鹊王国玩了。”碧月听得两眼出神，仿佛她也到过喜鹊王国一样，“我可以有这样的一根羽毛吗？”“这……这……”思飞迟疑了。“怎么了，思飞？你能帮助我要来一根吗？”“只是每拿走她身上的一根羽毛，她的寿命就会减少一年。我试一试吧，喜鹊王非常善良，我跟她说一说你的情况与请求，我想她会同意的。”“那拜托你了，思飞，一定记得向喜鹊王要一根红羽毛啊！”碧月心中充满了期待。

总算忙完了一天的功课，思飞简单地洗漱后就急急地回到自己的卧室，拉好了窗帘，生怕外面的月光会偷看了他的小秘密，他又悄悄走到小闹钟前，轻轻按了一下小花猫的鼻子，低声说：今晚不准你乱叫，耗子出来都不要去抓，听到了吗？嘻嘻。思飞蹑手蹑脚地取出了藏在床头柜抽屉里的红羽毛，关了灯，渐渐入了梦境……

二、喜鹊王国

他拿出那根红羽毛，在一扇门前，只那么轻轻地一扭，就打开了梦的大门。门无声地开了，迎面飞过来一只花喜鹊，尖尖的嘴巴，长长的尾巴，这是一只迎宾喜鹊。它拍着翅膀唱着欢快的歌谣：“我是一只快乐的喜鹊，来自古老而神秘的森林。快来飞进绿色的深山，去寻找那枚丢失的果子。”迎宾喜鹊唱完歌，轻轻地在思飞的额头上一吻，思飞的腋下瞬间生出一对蓝色透明的翅膀。花喜鹊又嘱咐道：无论谁在门外叫你，都不要答应，只有这样，你才可以无忧无虑地自由飞翔在喜鹊的王国，你可以去青翠的竹林里找熊猫玩，去蓝色的瀑布边和小鸟一起洗澡，也可以飞到更远的山谷里去寻找一个神秘的喜鹊蛋。那里面藏了很多谜语，只要能答出一条，就可以获得喜鹊王的嘉奖呢。

花喜鹊说完，一边唱着，一边又飞向另一个大门，去迎接其他的客人了。谢过花喜鹊，思飞望着它飞离的背影，张开双翅，双脚只轻轻地那么一蹬，他就轻飘飘地飞在半空中了。身体变得很轻很轻，此时的他再也不用去读什么A B C，也不用去学那些枯燥的音乐符号，这里的一切都是那么的迷人，他伸手摘下空中的一片白云做成帽子，戴在了头上，好清凉啊！他飞到竹林里，摘下一片叶子，放在嘴上吹，只轻轻一吹，一首绝妙的音乐流淌而出，伴着潺潺的溪水，一直飞向了远方。在竹林里，他遇到了熊猫球球和点点，他们在一起玩捉迷藏，可是思飞总是被轻易发现，因为球球和点点也长了双透明的蓝色翅膀呢。这里的一切比画更美，这里的音乐比世间一切的音乐更动听，这里的语言胜过世间一切的语言。思飞忽然想到那个神秘的山谷中藏着的那个喜鹊蛋，就拍着双翅向更远的山谷飞去。飞呀，飞呀，思飞口渴了，折个弯，去果树上摘了一个水灵灵的大水晶梨，无核的，一边咬一边从唇边滴下水晶般的果汁，思飞感觉身上的每一根筋脉都充满了活力。越过一座座雾气缭绕的深山，又飞过一道道波光粼粼的小河，思飞终于在一个褐色的山谷里发现了那个大喜鹊蛋，蛋的表面写满了奇特的符号。在蛋的顶尖，有一个细细的绿色小孔。思飞把一只眼睛贴进小孔，另一只眼眯起来，仔细向里面看。什么也没看到，他把眼睛移开时，一张金色的纸条从小孔里飘出来，飘啊飘，一直飘到挂在悬崖上。纸条上写着一条谜语：摸不着，看不见，藏在你心里，写在你脸上。风吹不走，雨淋不散。有时像块云，有时像一道闪电。似云时，你只要笑笑，它就会逃跑；似闪电时，你只要跳跳，它就会抓得更牢。思飞想：这是什么呀？谜底是什么呢？

三、红羽毛丢失了

“思飞，快起床了！”妈妈又在叫了。

“知道了，妈妈”。思飞一个鲤鱼打挺从床上跳起来。怎么这么快就天亮了？思飞想：真是梦中一小时，世间一日啊！他来不及收拾床被，更忘记了藏好那根重要的红羽毛，急急地下了床，因为他知道今天他睡过了头，瞧那只小花猫闹钟正扯着嗓子朝他大声狂叫呢。

妈妈过来收拾床铺时，把那根红羽毛当做垃圾收在了垃圾袋里，下楼时，同垃圾一起投在了大垃圾筒里。

思飞到了学校，这是星期一的早晨，学校的操场上，一些同学在晨练，有几只小鸟欢快地跳跃在树桠间。远远的望见碧月伸长了脖子朝他走来的方向张望。一看见思飞的影子，她飞快地跑过来，两只小辫子也一前一后的蹦跶着，因为跑得急，有些上气不接下气了，“红羽毛带来了吗？”碧月带着满脸兴奋期待着思飞的回答。“对不起，还没等见着红喜鹊，妈妈就把我叫醒了，我保证今天一进入喜鹊王国就去找红喜鹊，好吗？”思飞有些内疚地说。“噢，那好吧，也只好这样了。”碧月失望地走开了。

晚上睡觉时，思飞拉开床头柜的抽屉，不见了羽毛，就到处翻，找遍了整个卧室也没发现。他失神地望着小花猫闹钟，此时他真希望小花猫是个侦探，能帮助他把丢失的羽毛找回来。妈妈听到思飞屋里的响动，走进来问：“思飞，这么晚了找什么呢？快睡觉吧。”“妈妈，你看见我的一根红羽毛了吗？”思飞红着脸问。“红羽毛？让我想想，噢，让我当垃圾丢掉了。一根羽毛，丢就丢了吧，快点睡觉吧，要不明天又起不了床了。”“啊！？”思飞心里难过，但没有向妈妈道明这里的奥秘，关了灯，在黑暗中瞪大双眼，久久不能入睡。没了羽毛，他就再也打不开喜鹊王国的梦之门，进不了门，就找不到红喜鹊，碧月的希望就要再一次落空，想着今天他对碧月的保证，更加不能入睡。

思飞丢了羽毛，睡眠仿佛也出走了一部分，这让他不能正常早起。第二天，妈妈喊了他三次才把他叫醒。他没精打采的来到学校，碧月在学校门口等他。“思飞，把红羽毛给我吧，我盼了一夜了，昨天一夜都没睡好。”“我，我，对不起……”思飞望着两眼充满喜悦的碧月，说不出一句完整的话来。“红喜鹊不给吗？”“不是，不是。”红喜鹊那么善良，怎么会不给呢。“那是你不愿意给了，小气鬼！自私鬼！”碧月强烈的失望此时已转化为愤怒，扭头跑掉了，那甩起的两根小辫子，像两根鞭子狠狠地抽打着思飞的心。从这天起，思飞上课不能集中精神，更不敢面对同学的目光，仿佛每个人都知道他是“小气鬼、自私鬼”，让他在学校里抬不起头。学习成绩一路下滑，脾气也变得越发暴躁。

“思飞，你怎么了？头怎么这么烫啊！”一天早晨，当妈妈叫过几次思飞起床，不见动静时，发现思飞发高烧了，嘴里不时地说着胡话：“红羽毛，喜鹊……我不是小气鬼，真的不是。”“思飞，你在说什么呀，快起来，妈妈扶你去医院。在儿童医院急诊，医生给思飞下了诊断，长期睡眠不足，精神压力大，导致免疫力低下。除了要加强体育锻炼外，建议去找个心理医生做一下心理恢复。思飞在医院住了一段日子，每天去见心理医生，除了那根红羽毛，无论医生说什么，都进不了他的脑际。傍晚的时候，妈妈带他去医院旁边的广场健身。傍晚的广场上，吃过晚饭的人，进行着各种体育锻炼，有的在跳绳，有的在打羽毛球，有的在踢毽子。瞧，那边一组人，在踢着花样毽子。很多人在那儿围观叫好。思飞和妈妈也围拢过去，看见这一组人轮流踢着一个花毽子，上面有红黄蓝绿四种羽毛，在他们的脚上飞来飞去。其中一位小姑娘，一个大鹏展翅，将花毽子从背后用脚后跟踢给了另一个同伴，大家一阵叫好。思飞盯着上下翻飞的花毽子，像盯着一只不落的小鸟，忽然想起了什么，那根红羽毛，不正是丢失的那根吗？千真万确，就是化成灰他也认识的，思飞在那根红羽毛上做了记号的，在红羽毛的尾巴上他粘了一颗小小的绿宝石，这是花喜鹊送给他的。那个小姑娘正是捡到那根红羽毛的小女孩，她让奶奶用这根羽毛又配上另外几种羽毛做成了独特的毽子，每次在比赛中她都能名列前茅呢。

晚上，思飞回到病床上，想着那个有红羽毛的花毽子，在空中快乐的翻飞，像一只自由的小鸟，想着想着，那只翻飞的毽子幻化成花喜鹊的样子，思飞渐渐进入了梦乡……

四、重回喜鹊王国

思飞拖着沉重的步子，耷拉着头走到梦之门前，没了红羽毛他不奢望再次进入喜鹊王国，那是多么自由欢乐的一块土地啊！他靠着门失望地坐了下来，想象着门里的景象。“我是一只快乐的喜鹊，来自古老而神秘的森林。快来飞进绿色的深山，去寻找那枚丢失的果子。”迎宾喜鹊的歌声再度响起，花喜鹊亲自将梦之门为思飞打开。花喜鹊在他额头上轻轻一吻，病痛远离了思飞，腋下瞬间生出一对透明的蓝色翅膀。思飞立刻飘到半空中。他又可以像以前那样无拘无束地畅游在喜鹊王国了。他想起对碧月的承诺，没有飞向更远的地方去寻找喜鹊蛋，破解更多的谜语，就直接去找居住在山峰的红喜鹊了。当思飞穿越了茫茫的雪山，呼啸的北风从耳旁驶过，但他一点也不觉得冷。他一心想找到红喜鹊，为碧月要来一根红羽毛。此时，红喜鹊早已站在峰顶的一棵大树上迎候他了。思飞惊异地发现，红喜鹊多日不见，已白了头。但两眼仍那么有神，充满了慈祥。“摸不着，看不见，藏在你心里，写在你脸上。风吹不走，雨淋不散。有时像块云，有时像一道闪电。似云时，你只要笑笑，它就会逃跑；似闪电时，你只要跳跳，它就会抓得更牢。孩子，你猜出这道谜语了吗？”红喜鹊微笑着问。“这是一种情绪，像云时就是忧伤，像闪电时，就是快乐，对吗？”红喜鹊会心地笑了：“来，孩子，伸出你的手，来为你的朋友们取下他们所需要的羽毛吧！”思飞犹豫了：“那么，你的寿命就又会减少了。”“没关系，孩子，在你生病的日子里，我的头发一根根的变白了，我用我的生命换取了你们的自由，这是我最高兴的事，请不要忧伤！只请你们珍惜，也请你转告每个孩子，你们生来都是一只只快乐自由的喜鹊，有着自己蔚蓝的天空、茂密的森林、波涛汹涌的大海、静静流淌的小溪，世间的每一片叶子都是你们欢快的口哨，那是绝好的，世间独一无二的天籁之音。我要走了，去一个遥远的地方，请好好保护你们的翅膀，不要让沉重的功课压弯、压疼了它……不知道什么时候，在思飞的旁边聚集了很多同学，碧月也在里面。

五、尾声

繁花凋落了它所有的花瓣后，就找到了果实，喜鹊脱落了它所有的羽毛后，换取了孩子们欢快自由的世界。幽幽的长笛声起，在孩子们的祝福声中，红喜鹊化成一个影子，越飞越远……

最后一片绿叶

董恒波

一

2020 年，地球发生了一场罕见的具有极大破坏性的地震，靠近北极的一座堆积了千万年积雪的雪山轰然倒塌，雪山脚下一所正在上课的学校被几千米深的积雪埋掉。

当时，朋朋和他的伙伴们正在饶有兴趣地上自然课。戴着一副厚眼镜的自然课老师典典先生站在黑板前，和大家探讨未来世界的话题。他们纷纷发言，畅想着几千年以后地球是什么样子。典典先生把一棵小树苗递到了朋朋的手里，那树苗上虽然只有一片绿叶，却蕴藏着无限的生机。典典老师告诉他说，世界上如果没有了森林树木，人类的文明就将走入歧途。

朋朋站起来发言说，在过去不久的20世纪里，世界上发生了翻天覆地的变化，按照这个速度，再有5000年到8000年，这个地球将变得更加美丽，到处都是茂密的森林，天上飞着各种小鸟儿，人们的生活水平已经极大地提高。哦，连最贫穷的非洲孩子也可以随意吃上烧鸡喽。因为朋朋喜欢吃烧鸡，他认为能吃烧鸡就是最舒服的享受了。说到这儿的时候，朋朋还吐了一下舌头，吧唧吧唧嘴，好像在咀嚼那有滋有味的鸡骨头。就在朋朋嚼鸡骨头的那一刹那，灾难降临了。朋朋手中紧紧抓着那棵小树苗，和他的老师、同学以及这所学校里所有的一切都被埋在了雪山的深渊里……

二

时间过去了7000多年。

这是9089年的一天。A城市里的学校正在上课。

超超博士正在给中学生们上考古课，他们这节课的内容是——“什么是树？”

这时候的地球绝非朋朋当年想象的那样。地球上的所有的树木早就被人们砍光了，没有树，当然也就没有鸟儿了。在20世纪的时候，世界上的动物就以每天二十几种的速度在减少，到9089年，这个地球连生存能力很强的蚂蚁都极为少见，只有老鼠还在艰难地与人类做伴。

没有树，沙尘暴几乎天天都会发生。地球上的河流几乎全干涸了，有钱的人都在火星、水星上盖自己的别墅。哦，那时候的人类确实已经进化到让古人（当然包括21世纪的人）难以想象的程度。楼房都高达100层以上，人们的出行都非常方便，一种类似小飞机的飞行器比当年的自行车还要普及，所以到处可见人们像蚊子似的飞来飞去。由于科技高度发达，疾病几乎全都有了治愈的方法，什么癌症、艾滋病只留在记载中了。正常的人们都能活到1000岁。

世界上也没有报纸和刊物了，因为没有了树。全校只有校长的办公室有一块木头，是他用昂贵的代价从一位收藏家那里购买的。学校里的桌椅统统是合成材料制作的。

但那时信息发达得让人感到不可思议。电脑、电视像一页纸似的贴在墙上，你只要用手指轻轻一点，就可以得到全球任何一个地方的信息。

超超博士调动了所有电子化手段给同学们讲历史，历史光盘里展现着鸟儿飞翔的身影和婉转动听的歌声。有个叫洋洋的同学还不时大声地提问："这是什么东西呀，真是太神奇了！"那场景有些像生活在20世纪的人听考古学家讲恐龙。

就在超超博士和同学讲鸟儿的时候，超超博士发现他手里的电脑显示器上显示了一条考古信息：在临近北极的北纬71度，东经132度位置，考古工作者又有了最新的考古发现，在全球引起了强烈的轰动，这是近200年来最重要的考古发现。

"同学们，我们现在就去考古现场亲眼看一看。"超超博士说，"请大家把你们的氧气袋背好。"由于生态的破坏，空气中的氧气已经十分稀少，地球人每人都配有氧气袋。那时早就没有自来水了，只定量供应含有各种能量的水丸。人们也很少吃饭，每人由政府发给一种能量胶丸，是从深海里的藻类提炼的，按人的年龄体重及健康状态，由电脑设计出各自不同的剂量来保证人们的正常营养。只有总统在会见外宾的时候，才可以享受一顿清煮蚂蚁或者是红烧老鼠肉。超超博士他们的飞行器能源来自太阳能，近万公里的距离一个多小时就飞到了。9089 年时的地球就像一个村落，人们想上哪儿去，都是举手之劳。那时候，已经没有什么出国的概念，有志向的人都会到金星、火星、水星甚至银河系的空间去发展、创业了。

三

超超博士领着洋洋他们一帮学生，站在了这座引起轰动的考古新发现的遗址面前。

考古学家的科技水准令人赞叹。一位考古学家介绍说，这里是一所学校，准确地说，是在 2020 年 8 月 16 日下午 3 时 23 分，一场由地震引起的雪崩把他们埋葬了，埋了 70 多个世纪。由于地球变暖，北极的冰雪已经全部融化、蒸发，我们采取人工地震的办法，发掘了这个古代的也就是 21 世纪的天然墓葬，他们这些 7000 多年前的死难者才得以和我们见面。

“能把他们救活吗？”洋洋说出了许多同学的心里话。

“很难，不过，还是很有希望的。”考古学家说，“据我们考察，在雪山崩塌的一瞬间，他们因急剧降温血液凝固而迅速死亡，而他们的神经及内脏系统并没有遭到实质性的破坏。但距今 7000 多年的细胞组织能否被重新激活，还有待于医学界的专家进一步研究。一小时前，已经给他们注射了一种高级的 CU 能量，估计再有一会儿就能看到效果了。”

9089 年的人类寿命长的一条重要原因，是人们可以随时更换心脏、肾脏、肝脏等各种人造的器官，甚至耳朵眼睛商店里都可以买到，它们是用高科技的材料合成的。

趁着医生抢救那些出土的古人时，洋洋和他的同学们开始参观这所古代学校出土的文物。

“哎呀，这是他们用来上课的桌子吧？连椅子都是木头的，简直太浪费了。”一个同学说。

“看，他们穿的鞋子肯定是野兽的皮制作的，他们甚至还敢用野兽的皮来做衣服，他们这不是疯了吗？”

“哎，不能这么说话，别看这些人年龄和我们一般大，这可是我们的老祖宗呀。”

让整个地球都感到震惊的好消息终于传来，有三个“老祖宗”经过医学专家的抢救，已经恢复了生命。他们的神志非常清醒，他们的四肢很快就能正常地运动，有的人手指冻坏了，医务人员立即换上一个新的。这几个人对能复活在 9089 年的这一奇迹，感到万分的惊喜。但其他的“老祖宗”是没戏了，他们的遗体将作为特级保护文物在全世界巡回展出。

被救活的“老祖宗”里面就有朋朋。他和另外两个伙伴被作为最最重要的人物受到了国家总统的接见。

总统召集了所有国家重要官员及社会各界名流，为三位“老祖宗”的复活举行盛大的国宴。怎样称呼这三个人呢？总统曾一度犯了难，从理论上讲他们是老祖宗，但这样叫似乎有损于当局的声誉，叫“前辈”吧，也觉得不合适。最后他们问出这几个人的名字，就叫先人朋朋，先人能能，先人从从，所有的新闻报道也都统一口径。

三位先人对总统阁下的礼遇实在是感到啼笑皆非。他们不明白为什么刚从医院回来，就给戴上一个氧气袋。在国宴上招待他们的居然是两盘水煮蚂蚁和红烧老鼠肉。他们一口也吃不下去，看见那些鼠肉就直想吐。

他们问服务员有没有水果。

服务员摇了摇头，说没听说过。

国宴没等结束，来自世界各地的新闻记者就蜂拥而上要来采访。

三个先人烦了，朋朋心里就想找一清静的地方，他大声地嚷嚷：“我要去学校去学校！”

总统亲自下令，按三位先人的要求去办，把他们送到A城去，由考古兼生物学家超超博士负责进行一级保护，不经允许谁也不能干扰他们的生活。

四

朋朋他们就来到了A城。来到了超超博士的班里。

A城的学校为他们的到来举行了最隆重的欢迎晚会。

师生们选了一首最热情的歌献给先人：

> 风沙吹拂着我们的脸庞，
> 石块敲打着我们的胸膛。
> 我们在天空中飞来飞去，
> 放眼所望到处一片荒凉。

“为什么不唱浪花飞舞，小鸟欢歌？为什么不唱鲜花和绿叶装点着我们的生活？”朋朋问。洋洋回答说：“你说的这些东西我们都不认识，只是在上考古课时才接触到一点儿，我们只能歌唱秃山沙漠。”

洋洋他们强烈要求先人朋朋也给他们唱一首歌。

朋朋就唱道：

我歌唱每一片绿叶，
因为它孕育着生命的希望。
没有河水在我们的身旁流淌，
我们的心帆该向哪里远航？

洋洋他们都拍着手说，好听好听，可就是这古代的词听不懂。

7000多年，这是多么深的代沟呀，双方怎样努力，也找不到多少共同的语言。

先人朋朋说："我们身上太脏了，能不能先洗个澡？"

洋洋在电脑里查了半天，才从古文词典里找到了这个词。原来，生活在9089年的人们由于没有水，从来就不知道什么是洗澡。身上脏了以后，就用一种带电的吸尘器往皮肤上一推，身上就干净了。可是先人朋朋实在享受不了这种待遇。后人洋洋们的皮肤由于每天要经历沙尘暴，已经粗糙得如大象皮一样。嗐，说什么大象，老虎，他们都听不懂，好在他们查电脑词典挺熟练，都能弄懂这些古代很遥远的事情。

超超博士紧密地跟踪着三位先人的生活，甚至连睡觉，上厕所都一一记录在自己的电脑上，关于7000多年前人类生活的一篇论文很快就成稿了。超超博士有一种预感，这篇观察先人生活的论文一经发表，将会在全球引起轰动。

超超博士拿着自己的论文让朋朋看，朋朋把氧气袋挪了挪，大口地吸了一下氧气后，说："能给我一点水喝吗？"A城里的人们平时喝的都是高度浓缩的水丸，只有这三位先人是总统特批每人每天可以喝到半瓶水，那水是从深海中提炼的，又苦又涩。

朋朋说："我们三个同学有一个共同的要求。"

超超博士说:“你快讲,我会立刻向国家总统汇报。”

朋朋说:“你们现在的科技手段既然能救活 7000 多年前的生命,那你们能救活树吗?”

超超博士说:“估计不成问题。只要找到树的一点基因,我们完全可以克隆出许多。可是树这个物种早已灭绝了,世界上根本就已经不存在了。”

“不对,我要告诉你,就在我们雪崩的那所学校里,也就是在我们复活的那个地方就有一棵小树苗。”

“是吗?那些抢救人员根本就不认识。我立刻向总统报告。”

五

科学院的考古学家、生物学家、未来学家们又飞到了北纬 71 度的那个地方。他们果真在那里找到了那棵小树苗,神奇的是那棵树苗上竟还有着最后一片绿叶。

这棵小树苗和这片绿叶成了全世界关注的热点。

那一天,朋朋和他的同学还有洋洋等人,以及超超博士在教室里看见了总统先生在发表电视讲话,总统下令全国的科学家联合起来,无论遇到什么困难,也要把那棵树苗救活。

总统最后说,我们到了最危急的时刻,全世界人民联合起来,拯救我们的地球!

一缕希望之光终于出现在 9089 年的地球上。

派克笔风波

徐光梅

李咨文的派克钢笔不见了，他在桌肚里找了半天也没找着，急得满头大汗。

“你找什么呢？”同桌储小小问他。储小小有一头自来卷头发。头上像堆着蓬松的稻草似的。

“看到我的钢笔了吗？”

储小小摇了摇头。

“你的钢笔不见了？”坐前排的谷非一惊一乍地问道。

“是的。”李咨文急得直想哭，那可是他舅舅从上海带给他的，是一支派克名笔，很贵的，还没用过呢，却怎么也找不到了。李咨文坐在座位上，垂头丧气。

上厕所的时候，谷非悄悄对李咨文说：“没准是储小小顺手牵羊给拿去了。她以前可偷吃过我的方便面哦。”

“可那是三年前的事了。”李咨文不耐烦地说。这件事他早听谷非说过很多遍了。

“我说你还别不信，储小小是捡来的孩子，她妈妈后来又生了个小弟弟，就不要她了，她和她的奶奶生活在一起呢。她家那么穷，保不准她不‘旧病复发’。”

李咨文虽然不大相信派克笔就是储小小偷去了,但谷非的话还是触动了他疑心的弦。“只要你听我的,保证能找到钢笔的下落。”谷非拍着李咨文的肩膀说。

课间操的时候,李咨文跟着谷非溜进厕所,然后又偷偷地潜入班里,开始了对储小小书包的搜查。结果什么也没搜到。谷非非常失望。李咨文整个人蔫了,他在想,回家后妈妈肯定又是一阵暴风骤雨般的训斥了。

“十有八九是储小小把你的笔转移地方了,然后等放学的时候再带回家。”谷非的眼睛里闪烁着侦探一样智慧的光芒。

课间操做完了,同学们都在操场上玩耍的时候,班长王元元突然闯进班里,指着李咨文和谷非大声地说:“好啊,你们俩没做操吧!我要记下来告诉老师去。”

“刚才我们俩闹肚子。”李咨文连忙解释。

“哼!你们俩正好一起闹肚子呀?你们撒谎!”王元元说着,就从自己的书包里拿出那本专门给班长配的小本子,记下谷非和李咨文的名字。

“喂,你还讲不讲理?”谷非急了。

“李咨文是闹肚子,我知道。”早已走进班里的储小小说,“我可以证明……”

“你证明,那就犯了包庇罪,我把你名字也记上。”王元元打断储小小的话,在本子上刷刷写开了。

储小小二话不说,一把抢过王元元的本子,将那张纸撕掉了。

王元元大叫起来:“你敢撕我本子?好啊!我告诉王老师去!”她立刻气咻咻地往门口跑去。

谷非连忙嬉皮笑脸地拦住她:“别告诉老师,有话好好说嘛!”

“走开!”王元元推开谷非,一扭身冲出了教室。

“就是你，你干吗要撕班长本子啊？现在我们要罪加一等了！”谷非指责储小小。

“怪不着储小小。你们别怕！有我呢！”李咨文拍着胸脯说。

储小小感激地看了李咨文一眼，没说话。她把那张纸撕得粉碎，扔进垃圾桶。

王元元每到星期五就要把本子拿给王老师看，然后王老师针对情况召开班会进行总结，用大家的话说就是开“批斗大会”。

上课铃响了。果然没错，王老师一进班里就说起了撕本子的事。她严厉批评了储小小、李咨文和谷非，并罚他们扫地一星期。

储小小由于犯错误，已经连续罚扫地三个星期了。听到这个结果，李咨文看了看储小小，发现她一副无所谓的样子。

放学后，储小小让李咨文和谷非回家，执意要自己一个人扫。

李咨文刚想说什么，却被谷非打断了：“储小小，我俩先去上个厕所啊！”谷非拉着李咨文就走。

“你有没有发现今天的事有点奇怪？”在厕所里，谷非神秘地对李咨文说，“这次明明不管储小小的事，可她硬要插一脚。所以我想，她这样做一定是有预谋的。”

李咨文不知道储小小能有什么预谋，他茫然地看着谷非。

“她一定把你的笔藏在某个地方，然后等做完值日，神不知鬼不觉地带回家。今天就让储小小一个人扫地，然后我们躲起来，看看她到底搞什么名堂，没准能抓个正着呢。”

李咨文很惊讶谷非竟有如此复杂的头脑。但谷非的计划又很有诱惑力，所以他决定试一下。

两人到班里，储小小已扫好了一组。

“储小小，李咨文肚子又疼了，我得陪他去看病。”

“好，你们先回吧。”

两人一溜烟来到教学楼东侧的小竹林。那地方很隐蔽，可以眼观八方，是个侦察的好地方。

不一会儿，储小小端着垃圾走下楼，可她倒完垃圾拿着簸箕就回教室了。

李咨文开始怀疑谷非的判断："我们这样做是不是太损了？"

"嘘！你看！"

只见储小小手里拎着一个黑色塑料袋走了过来。

走到过道里，储小小站住，朝四周看了看，发现没有人注意她，立刻飞快地朝教学楼北面走去。那儿有一排白杨树，但挡不住李咨文和谷非的视线。只见储小小爬上院墙，把那个鼓鼓的塑料袋扔到院墙外面，然后跳下来，迅速向南面的大门奔去。

"走，跟上！我们来他个人赃俱获。"谷非一挥手，两人迅速窜出小竹林，兔子般地向大门跑去。

储小小向大门东边走着，然后沿着院墙拐向北面。李咨文和谷非紧张地跟在后面。直到她又拐了个弯，李咨文和谷非才飞一般地跟上去。

学校北面是一片菜地。正当储小小把手伸向那个黑色的塑料袋时，谷非大喝一声："不许动！"储小小的手猛地一抖，缩了回来，她惊恐地看着他俩。

"啊，原来你把偷的东西丢到这里，然后带回家啊？"李咨文厌恶地说。

储小小的脸变得通红。她急忙辩解："没有，我没有偷东西。"

"没偷东西，你鬼鬼祟祟地干什么？"谷非不相信，他伸手去拿塑料袋。可是储小小抢先把塑料袋拿在了手里，就是不给谷非。

"你是个小偷！"

"我不是！"储小小断然回答。

“做贼心虚！你没偷东西为什么不敢给我看？你就是小偷！”谷非指着储小小说。

正在这时，一个声音喊道：“小小！”只见一位老奶奶从西边田埂上一跛一跛地向这边走来。她左手拎着一个蛇皮袋，右手拿着一个专门拾破烂的钳子，脚穿一双破解放鞋。

“小小，怎么啦？跟同学闹矛盾了？”

谷非急忙说道：“储小小偷了李咨文的钢笔，藏在那个塑料袋里。”

“没有！我没有偷任何人的东西！”

“那你把袋子打开给我们检查一下啊。”

“你们瞎说，我家小小从不拿别人的东西。”奶奶摸着储小小的头说。

趁着奶奶说话的时候，谷非一把夺过塑料袋，将里面的东西全倒出来。啊，里面是什么呀？5个矿泉水瓶子和4个易拉罐，其他什么也没有。

储小小突然“哇……”的一声大哭起来。她捂着脸跑开了。

“小小！”奶奶看着一路哭着走远的储小小，眼泪流了下来。她赶紧用树皮般的手擦了擦，然后弯腰将那几个空瓶子拾起来放进蛇皮袋里，边说：“你们看见了，小小可没拿你们的东西，她只是每天把同学们扔的瓶子带回家给我卖。”

奶奶拎起蛇皮袋，一瘸一拐地往西边走去。夕阳将她的影子拉得很长很长。

李咨文和谷非愣住了！原来储小小为了自尊，竟……所有的疑惑都解开了。他俩就这么站在田埂上，呆呆地看着奶奶的身影在夕阳中渐行渐远。

李咨文一到家，才知道派克笔掉在院子里。原来他的书包磨破了一个洞，笔就是从那个洞里掉出来的。

可李咨文一点也高兴不起来，就是这支该死的笔……

神秘的水枪

闫耀明

一

班主任许老师正往黑板上写题，粉笔在黑板上滑动时发出的声音既尖厉又刺耳，像老鼠尖叫一样。

什么声音对我来说已经一点儿不重要了，重要的是我得把许老师写的题尽快解出来。离月考已经没有多少天了，我必须抓紧时间。

许老师是全校最棒的几何老师，可我的几何成绩却怎么也棒不起来。其实我还是比较下工夫的，但成绩总是无法取得突破。

昨天许老师找我谈了一次话，大意是提醒我重点把几何好好弄一弄，争取在这次月考时把成绩往上提一提。我是班长，学习成绩不行无法让同学们佩服，如果因为几何这一科成绩上不来影响了总分数，影响了在全班以及整个初三年组的排名，那就叫偏科，那就叫前功尽弃。

许老师说了不少，我只是听着。虽然我知道自己尽力了，常常觉得学习压力太大，太疲劳，可当许老师擦了擦嘴角上的白沫子看着我时，我还是冲他点了点头，肯定地说：“我会下工夫的。”

许老师已经快把黑板写满了，可我手上的这道证明题还没有眉目。我有点着急。

这时，几滴水珠突然从天而降，落在了我的本子上，有两滴还不客气地钻进了我的衣领里，凉凉的感觉像爆炸一样在我的脊背上轰然弥漫开来。

我吓了一跳，忙抬头往窗外看。我怀疑是天下雨了。

可我很快就否认了自己的怀疑。我坐的是临窗的位置，外面的太阳明晃晃地亮着，一些光线甚至照到了我的肩上，哪来的雨呢？

很快，我的同桌马达也有了反应。他抹了抹落着水珠的半张脸，一边比画一边往后面看，还嬉皮笑脸地做着鬼脸。

我知道是怎么回事了。我迅速回头，也往后面看。可我看到的是同学们正埋头学习，没有一个人有什么异常表现。

马达也把头埋下来，用笔在本子上一下一下地画着。但我可以清晰地听到，他的牙缝里正发出细微的“咝咝”声。

这小子在偷偷地笑！

我压低声音，在他的耳边坚定地说：“你小子，少调皮！”

“有人用水枪射我，不赖我。”虽然马达在极力表现得很是镇定，但我看得出来，他此时非常开心。

“你也有水枪！”我肯定地说。

马达连忙摆手：“没有。班长，我真的没有水枪。”

许老师回头往下面看了看，厉声问：“谁在说话？”

我们都闭了嘴。

班级里有人玩水枪已经不是一天两天了。不知是谁首先开始的，从玩具商店买来小孩子玩的塑料水枪，灌上水，偷偷地在上课时或者是上自习时往别人的身上射水。水枪的压力很好，水柱很细，射得也很远。好像玩水枪的人玩得也很好，射得非常准确。许老师曾经批评过这种现象，但收效甚微。有一次许老师问过我，我说不出玩水枪的人到底是谁，只是说玩水枪的人肯定不止一两个人。许老师就让我调查调查。

我先后和几个我自认为关系还不错的同学调查过，但他们都异口同声地回答我，他们也不知道。

我是班长，同学们不会轻易向我暴露的。我了解他们的心态，也就没有下工夫做深入的调查。

但玩水枪的现象，像传染病一样，在班级里一点一点地蔓延开来了。

许老师在黑板上继续写题，同学们也都静悄悄的。我看了马达一眼，又开始琢磨本子上的题。

但我很快发现，我的思维早已经像一堆烂泥，糟得一塌糊涂，像是被刚才的水滴整个浸透了一样。

二

我也买了一把水枪。

是许老师的一句话，使我决定自己也买一把水枪玩的。

那天上课间操，同学们已经开始在操场上排队了，许老师走到了我的跟前。他是冲着我来的，我一眼就看出来了。

我知道许老师有事要找我，我是从他的眼睛里看出来的。

果然，许老师放轻声音，说："我上课时你和马达说话，是后面有人把水射到你们身上了，对吧？”

我点头：“是。”我知道，我们的一举一动一般瞒不过他。

“你知道玩射水枪的人是谁吗？”

“不知道。”我说，“我回头看了，但没有看出什么破绽……”

许老师大概知道我一定会说这句话，不等我说完，他就凑近我的耳朵，说：“你注意一下米羊。”

米羊是最让许老师头疼的家伙，虽然我没有亲眼见过他玩水枪，但我可以肯定地说，玩水枪的人里面，一定有他。

我冲许老师点点头，说：“我也怀疑他。但只是怀疑，没有依据。我曾经了解过一些同学，但他们没有一个给我提供情况的，调查也是白调查。”

许老师的脸紧了一下。他是有点儿不高兴了。许老师不高兴时脸就紧。

但许老师没有因为我的调查效果不佳而批评我，只是背起手，自言自语地叨咕了一句：“你真让我失望。”说完，就走开了。

许老师走开了。我开始做体操。但我的心里，有点不是滋味。

体操还没有做完，我突然冒出了一个大胆的念头：我也买一把水枪玩玩！

这个念头一出现，我就被自己的想法给吓了一跳。

“你是不是疯了？”我问自己。

但我无法回答自己。我觉得自己的想法挺新奇的，要是实施了，说不定会挺有意思呢。

“要是许老师问起来，我怎么回答呢？”我又问自己。我得把自己的退路想好，否则，那就是傻瓜。

想了一阵，我有了主意。我可以用“不入虎穴，焉得虎子”和“舍不出孩子套不住狼”来回答许老师。为了把玩水枪的事弄清楚，我有必要这么做。我是班长，把我自己舍出去一回，是应该的。我为自己的聪明而开始激动。

做完操往教学楼里走的时候，我在激动中作出了决定：今天下午放学后，去买一把水枪。就在今天。

我没有犹豫。我知道，要想做成事就不能犹豫。

走进教学楼，许老师对我说："放学后你把我的教案拿去复印一下，回家要好好看看，这对你有帮助。这次月考，几何成绩一定要给我上来。"

尽管许老师对我调查水枪的事很不满意，但他还是关照我的，尤其在学习上。放学后我就拿着许老师的教案去了复印社，然后直奔玩具商店。

我把水枪藏在了裤兜里，不动声色地上课，下课后不动声色地出去散步。我的心里还有了一丝激动，因为全班同学肯定没有一个人能想到在我的衣兜里居然会装着一把水枪。

连许老师也肯定不会想到！

因为我是班长。因为我前几天还在找同学调查玩水枪的事。

这种感觉还真是挺折磨人的，就像玩藏猫猫别人找不着自己时的那种感觉，既激动，又兴奋。

但光藏着达不到效果，我得采取行动。不采取行动，怎么知道玩水枪是什么滋味呢？

上自习课，我打定主意，先把这个秘密透露给马达。快下课的时候，我拿出了水枪，在马达面前晃了晃。我在炫耀自己的枪。

那是一把崭新的淡绿色水枪，我精心挑选的。我很喜欢这颜色。

马达正要发出叫声，我赶紧把食指竖在嘴唇前，冲马达挤了挤眼睛。

马达紧张地左右看了看，像一个蹩脚的特务。然后他回头看着我，脸上满是欣喜的表情，悄声说：“你真是哥们，还有这一手。”

我说：“怎么，光你们玩，我难道没有权利玩吗？”

“有，有。”马达说着，拿过我的水枪，看了看，喜滋滋地说，“咱俩的水枪一模一样。真是英雄所见略同啊。”

说着，马达拿出了自己的水枪。

果然是一模一样的水枪，只是我的新些，他的旧些。

我假装严肃地看着马达，轻声警告说：“你小子，别带个破嘴到处乱嚷嚷，把保密工作给我做好。”

“那是，那是。一定，一定。”马达忙不迭地点头，像一只贪吃的公鸡。

下课后，我径直溜进了水房。米羊正在洗手，我假装若无其事地凑过去，也洗手。

米羊好像有点紧张，看了我一眼。

我一下子就看出来了，这小子身上有水枪，肯定有。

于是，我见没有人注意我们，就甩了甩手上的水，悄悄地从衣兜里拿出了水枪。

米羊差一点叫出声，惊得把眼睛瞪起来，死死地盯着我，半天说不出话来。

“干吗？你瞪我干吗？”我装出一派轻松的样子，看了看米羊，然后拧开水龙头，开始往水枪里灌水。

米羊指了指我，说话都有点口吃了：“你……你怎么……”

我“嗤”地笑了一下，不看米羊，说：“知道吗？我特喜欢看《寻枪》这部电影，姜文简直把那个警察演绝了。姜文真是个天才。”

水房里已经没有其他人了，我把水枪举起来，眯起一只眼睛瞄准。

米羊傻傻地站着，看着我。

我果断击发，一条细细的水柱迅速飞了出去，准确击落了一只在空中盘旋的苍蝇。

“打下了一架飞机。”我说，还在枪口上吹了吹，像电影里的枪手那样，好像我手里拿的是真正的手枪。

我做这些都是给米羊看的。我知道我的行动肯定特有震撼力，米羊他经受不了这样的冲击。

果然，喜出望外的米羊毫不犹豫地拿出了自己的水枪，往枪里灌水。

“好小子，真想不到。”米羊边灌水边说，“你不但也有枪，而且玩枪的技术还真是不错的。”

我冲米羊笑了笑。我知道，我的笑是蛮复杂的，粗心的米羊没有看出来。

三

我发现我喜欢上玩水枪了。

玩水枪带给我的欣喜远远超过了我发现马达和米羊都有水枪带给我的欣喜。当我在米羊面前玩自己的新水枪时，我最初的想法是表演给米羊看，好引诱他把自己的水枪拿出来。但当我表演完之后，我被自己的表演给迷住了，我真真切切地体验到了玩水枪带给我的乐趣，这种乐趣来得有点突然，有点猝不及防。我在自己的心里暗暗地叫过：“我的天，原来玩水枪真的非常有意思！”

直到这时，我对水枪有了更为全面的认识。水枪是个好东西，我可以用它射击我认为自己憎恶和反感的东西、没用的东西、应该抛弃的东西，而且玩水枪的过程充满了刺激和挑战。当我用水枪射中了我想射的东西时，一种成功和满足的感觉就会油然而生，那是一种以前从没有体验过的快感。这种快感来自内心深处，所以它特别有诱惑力，让人无法忽视，无法拒绝。

于是我开始悄悄地玩自己的水枪。

但我没有过分炫耀，免得乐极生悲。要是许老师知道了我也在玩水枪，他非扒了我的皮不可。

我不仅用水枪射过苍蝇，而且射过米羊的脖子，射过马达的脚后跟。我还用水枪射过教室窗台上的花，并郑重地告诉马达说我是在给花浇水。

我知道自己这是在玩水枪。米羊的脖子、马达的脚后跟以及花都不是我从内心里想射的东西。玩嘛，就是怎么有意思怎么来。

玩水枪在给我带来乐趣的同时，也让我有了新的发现。

那是我想都不敢想的发现。

下午放学了，我和马达背着书包从教学楼里蹦出来，并肩在操场上走着。我们的前面是田蜜蜜。

这时，我看到了惊人的一幕：走在我们前面的田蜜蜜居然从自己的裤兜里摸出了一把粉色的水枪，对准在她前面走路的赵美娜开了一枪！

水柱非常准确地射中了赵美娜的小腿。她穿着裙子，小腿裸露在外面。水开始顺着她的小腿往下流。

赵美娜吓了一跳，回头叫了一声："谁呀！"

此时的田蜜蜜早已经若无其事地把水枪装好了，继续走路。

赵美娜冲着马达瞪起眼睛："马达你这个臭小子，你是个讨厌鬼！"

平时同学们之间经常开玩笑，所以赵美娜不假思索地认为射她的人一定是平时又鬼又皮的马达。

而田蜜蜜就跟没事一样，一颠一颠地走路，看都没有回头看马达一眼。

马达可受不了了，他把两只胳膊都扬了起来，手摇得像扇子，对赵美娜说：“不是我呀赵美娜，我冤枉啊！”

赵美娜抬腿用手抹了抹小腿上的水，厉声说：“不是你还有谁？难道是班长？是田蜜蜜？”

我忍不住“扑哧”一声笑了。我发现田蜜蜜也笑了，而且笑得比我还得意。

我们的笑让赵美娜更加坚定自己的判断，她抬手就在马达宽厚的肩上打了一下：“讨厌鬼！”

马达看了我一眼，又看了看田蜜蜜，委屈得满脸都是痛苦的表情，说：“我……我简直比窦娥还冤哪！”

马达的有苦说不出，让我和田蜜蜜都大声地笑起来。

但接着我就不笑了，我在想，田蜜蜜怎么可能也在玩水枪呢？她曾经是全班学习最棒的尖子生，也是老师最喜欢的好学生。许老师不止一次在班里说过，田蜜蜜的目标就是锁定重点高中，雄赳赳气昂昂地考进去。只是近期她的成绩开始下降，许老师曾不止一次找她谈话。这我知道。

田蜜蜜玩水枪的原因我不知道，但我目睹了她玩水枪的技艺和水平，好像不在我之下。

走出校门，我突然产生了一个想法，而且这想法一产生，就十分活跃地占据了我整个思维空间，无法回避和拒绝。

“田蜜蜜！”我喊住了她。

我把田蜜蜜拉到了校外一个僻静角落，说：“我们比赛。”

田蜜蜜先是惊奇地看着我，看了足有一分钟，接着她的脸上就迅速地绽开我从没有见过的笑容。

“你……”她指了指我的鼻子，然后扬起手。

我也扬起手，我们响响地击掌。

“耶！”我们不约而同地叫了一声。

田蜜蜜拿出自己的枪，问：“比什么？”

我也拿出自己的枪，说：“当然是打苍蝇了。”

“好主意！”田蜜蜜举起枪，瞄了瞄，“说吧，什么规则。”

我说：“一组打三枪，我们每人打三组，看谁打中的苍蝇多。”

田蜜蜜问：“谁先来？”

我说：“当然是你先来。女士优先。”

田蜜蜜很自信地举起了枪，对着墙边飞来飞去的苍蝇，果断地击发。

接着是我的。

三组打下来，我打中 5 只苍蝇。而田蜜蜜居然打中了 7 只！

田蜜蜜乐得跳了起来：“拜我为师吧班长。我可以免收学费，你请我吃一个冰淇淋就行了。”

我不服气，说：“三局两胜。谁胜谁负还不一定呢。”

此时我特别兴奋，连男生起码的大气都不讲了，跟田蜜蜜耍起了赖皮。

田蜜蜜竟然很有风度，说：“三局两胜就三局两胜。这回你先来。”

我先来也没有帮助我扭转败局。我又输了。

田蜜蜜笑得“嗤嗤”响，在我的额头上点了点，说：“怎么样，还不拜我为师吗？赶快去买冰淇淋吧。”

和田蜜蜜比赛真有意思，我虽然输了，但我仍然很高兴。我在比赛中品味到了刺激和乐趣。比赛的时候，我忘掉了所有压抑和烦恼，忘掉了分数和排名，忘掉了老师没完没了的唠叨。玩水枪让我从那个郁闷的环境中走了出来，有了属于自己的空间。我产生了一种宣泄感，这种感觉真是痛快，痛快极了。

于是我认真地说：“我应该谢谢你。”我们来到冷饮店，我买了冰淇淋，我们站着吃。

我说：“你也玩水枪，我一点没有想到。”

田蜜蜜得意地抿着嘴，吃冰淇淋吃得很响。

我突然想到了她玩水枪的原因，就问：“你，怎么也玩这个？”

田蜜蜜不吃了，也不看我，而是眯起眼睛，往外面看。外面是走来走去的行人。

田蜜蜜说：“我们家发生了变化，我爸爸妈妈离婚了。”

我一惊，看着田蜜蜜。

“我妈妈给我找了个新爸爸。其实他们早就好上了，只是我爸爸事先一点不知道罢了。我的新爸爸特别有钱，他有一个公司。我妈妈告诉我，她准备等我初中毕业以后把我送到大连的一所外国学校去，读完中学就直接考外国的大学，将来定居国外。对于我来说，现在学习不学习已经不是很重要了。”

我看着田蜜蜜，不知道说什么好。

田蜜蜜说：“开始时我真正兴奋了几天，可后来我就怎么也高兴不起来了。我不知道为什么。所以我就迷上了玩水枪。”

我们走出冷饮店时，午后的阳光照在我们身上。在凉爽的环境里出来，我突然感到那阳光好像有了不同一般的力度，针一样，刺得皮肤麻麻地疼。

四

教室里的气氛永远是压抑的。我曾经品尝过宣泄的快感，就想让教室里的气氛也改变一下。

于是我盯上了黑板旁边的月考排名表。每次月考结束后，许老师都打印出一张表格，将全班同学的成绩排出名次，明晃晃地贴在教室前面。他说：“老师这样做，是为了褒奖先进，促进后面的同学迎头赶上。”

我很讨厌那张表，它让我无时无刻不感受到学习的压力，还有教室里的压抑。我要射中它，锻炼一下我的射击技术。我不能老是输给田蜜蜜。

下课时，同学们都出去玩了。我在座位上磨蹭了一会，就来到水房，给水枪灌满了水。

我站在教室的最后面。这里距离排名表大约有 8 米，如果我可以准确地射中它，我就胜利了。

我屏住呼吸，像王义夫那样，先低头思索片刻，让自己稳下来，然后慢慢举枪，瞄准。

我射击了。水柱带着我的意志，我的情感，迅速地向前飞去。

排名表上，很快出现了一摊大大的水迹。

我射中了！

我用力挥了挥手，像王义夫那样挥了挥手。

然后我迅速离开了教室。

我不能留下自己作案的痕迹。

果然，许老师气得拼命地拍讲桌，用暴跳如雷来形容他最合适不过。他指着全班同学吼道：“今天不说出是谁干的，你们就别想上课！”

同学们大气都不敢出，一个个苦着脸，怯怯地看着许老师。

那张排名表已经被水浸透了，像一张肮脏而狰狞的脸。

教室里的气氛已经紧张得让人快喘不过气来了。上课的铃声已经响过了。

“说不说？”许老师厉声喝问，“这个人什么时候查出来，我们就什么时候上课。”

当许老师再次拍讲桌时，我站了起来。

我说：“许老师，我承认，玩水枪的人是我。让同学们上课吧。”

惊愕使许老师呆了一下，接着就是气愤。

“说吧，还有谁？”他好像在努力地使自己保持镇静。

我现在已经不再胆怯了，看着许老师，说：“我调查过了，其实玩水枪的人，就是我自己。”

许老师死死地盯着我，那眼神比刀子还要尖利。

他足足盯了我有一分钟。

从这天起，班级里再也没有人玩水枪了。

而且同学们都在努力地回避这一话题，关于水枪，大家保持了惊人的沉默，就像窗外那棵沉默的芙蓉树一样。

好像他们真的把水枪淡忘了似的。

甲乙丙丁

龚房芳

要说我们班的姓名也真够乱的，哦，不，其实是有意思。只说姓吧，方位的：尚、宗、夏全有，时间的：缪、时、周、岳、年也都有，还有各种动物的：朱、马、牛、杨、吕、侯、毛、佘、龙、师、胡、鲍，快成动物园了吧？以上的姓就说全班一大半同学，不过还有四个最酷最炫的，那就是甲乙丙丁了——当然这是名字。

甲是付甲甲，因为姓付，他爸爸说了，这得配个好名字，才能把这付给扳正喽，要不等长大了以后，当厂长是付厂长，做经理是付经理，就是任了市长也是付市长，啥时候能转正啊？据说他是苦思冥想，在床上睡了三天才给儿子想出这一好名字的，两个甲就不信不能把这付给扶正喽。只可惜，付甲甲名字响亮，成绩却从未得过甲，最高是乙，辜负了他老爸的一番苦心啊。

乙是赵乙乙，巧的是他跟付甲甲的情况相反。赵乙乙的名字是他姥爷给起的，这老夫子有学问，留着齐白石那样的胡子，专门研究古文。赵乙乙出生在那一年的春节，这可是大年初一啊，赵字又是百家姓的头一名。他姥爷捋着胡子左思右想才得了乙乙这个名字，他常说做人要含蓄。什么是含蓄赵乙乙不懂，他知道现在流行低调，就像他的各科成绩都好，可他从不炫耀，是个乖学生。

丁甜儿是甲乙丙丁里唯一的女生，她爸爸姓丁，妈妈姓田，取的是谐音。这名字透着甜味儿，可她说话却跟钢钉似的，一点儿也不温柔。更何况她的妈妈还把她送到了道馆学习跆拳道，她就更勇猛了，一般人可不敢惹这小姑娘，不过，我还是觉得她笑起来很甜的。

我是谁？我就是丙啊，是丁甜儿的同桌，我的大名叫岳丙元。咱一向谦虚，所以最后出场。据说我老爸当年是随手翻字典给我取的名字，翻到哪儿是哪儿。当时还很得意，谁知道我一上学就有人叫我月饼圆了，还说我是中秋节生的吧。这是哪跟哪啊？我明明是出生在冬天的嘛。本人有些调皮，用老爸老妈的话说就是腊月生的——爱动（冻）手动（冻）脚。

咱甲乙丙丁是分在一个学习小组的，一帮一。赵乙乙帮付甲甲，我呢，不好意思啦，当然是接受丁甜儿的帮助了。赵乙乙和丁甜儿帮我和付甲甲补课的时候神气得很，可他们也有做我俩小跟班的时候，那就是在足球场上。

赵乙乙和丁甜儿是铁定按他们爸爸妈妈的意思上清华北大的，而我和付甲甲是下定决心长大后进国家足球队的，当国脚才是我俩的目标。可目前我们不能拖全班成绩的后腿，所以，我们就心甘情愿地接受他们俩的再教育。但只要足球训练时间一到，赵乙乙和丁甜儿就和我们一样，飞身扑向球场。他们俩是铁杆球迷，赵乙乙负责为我们抱衣服，丁甜儿则是干拿水和毛巾的活。有比赛的时候，他们是拉拉队长。丁甜儿的大嗓门起了很大的作用，她组织女生们大吼，还鼓励她们尖叫。这候，我那因学习成绩不好而丢失的面子就被捡了回来，满脸的故作谦虚也掩饰不住心中的得意。

最近，足球训练加强了，我们在力争进入市少年足球队，这可是当国脚的第一步啊，很关键，我们训练起来也很卖力。常常是训练后浑身酸软，坐下来就像烂泥一样瘫下了。可丁甜儿并不放松，这不，期末考试也快到了。她拍拍自己的书包说：“放心，我连签名本都准备好了，就等着你过关进市队给我签名了，不过学习得先过我这一关。”她的话让我强打精神，烂泥又重新坐正，把心从绿茵场上拉回到课本上。谁都知道，这次的选拔也要看文化课成绩的，虽然是仅做参考。

还好，我的学习成绩还不像付甲甲那么差，他总在倒数五名之列。我好歹也在全班数中等偏下一点点。球技嘛，教练说我们俩踢得相当，这就更加使我们俩都暗下工夫，想一争高下。

这几天我有了心事，那天吕高品说：“这次市足球队选拔很火暴，竞争很残酷。好多人在走门子呢，按教练说的人数，你和甲甲得有一个人落选的。”这小子,也不知哪来的那么多小道消息,看他的名字就知道他爱多嘴。他说这些的时候,丁甜儿正在给我补课,她摆出跆拳道的姿势,对吕高品大叫:“你再散布谣言,叫你吃不了兜着走。”

吕高品是落荒而逃了,可他说的话就留在我心里了。晚上躺在床上我还在想这件事,早听说有什么暗箱操作,我不是太懂。付甲甲家里有钱,他爸爸也总想让他出人头地,肯定会找人四处活动的。我呢,父母都是普通工人,还整天面临着下岗的危险。当初让我进学校足球队,妈妈就是觉得能让我多锻炼长高个子,别像爸爸那么矮。而爸爸呢,就像给我起名字时一样随便,他只说了一句:“你爱踢就踢吧。”他们也许根本不在意我进不进市队,只当我是玩的。可我在意,这几年的训练,让我太爱足球了。

睡不着了,我又跑到路灯下去颠球。妈妈睡梦中含糊地问:“又跑出去干吗?”我说太热睡不着,出去凉快一下。路灯影里的蚊虫见我来了,像见了亲人,都围上来想跟我亲热。我不停地跟着球跳跃,让它们无从下口,对不起了,蚊子兄弟们。

晚上没睡好,上课就没精神。我听着数学课打盹了,丁甜儿用胳膊肘捣我,可是没用。她又拿三角尺的尖戳我,我惊叫了一声,全醒了。这叫声引来数学老师的不满,她冷冷地朝这边看了一眼,停止了讲课,又开始了唠叨:“有的同学,不认真听讲,不是上课睡觉就是下课踢球,你们也不想想,你们的父母把你们养大容易吗?他们把你们送到这么好的学校容易吗?你们不好好学能对得起他们吗?……”

这样的话听得多了,以前都不在意,但是今天听起来好刺耳呀,没错,我的数学成绩是各科中最差的。我在一瞬间给自己决定了方向:既然我和付甲甲球技相当,我的学习成绩比他好,我加把劲,把学习再提高些。至于他会不会走后门，我就不管了。

一下课，我就拖住丁甜儿，让她给我讲课，她脸上是甜甜的笑，嘴上却像敲锣："知道主动学习了。可也得我去 WC 啊。"这话让我脸红了，全没有了球场上的神气。

付甲甲又拿出他的新手机玩游戏了，他是班里有手机不多的几个人之一，他的手机经常换款式，其实他应该叫付（富）可敌国就对了。他家确实很富嘛，他爸爸手下有好几个房产公司呢，我家那一带要拆迁，也是他爸爸的工程。他爸爸不喜欢人家叫他付总，让大家都叫他付工，就是工程师嘛，这听起来多有文化啊。

吕高品凑过去问："这又是什么牌子的手机啊？"付甲甲得意地讲了起来，唾沫星子乱溅，手和脚也在配合着语言。

赵乙乙过来问我："昨天晚上加班了吧？刚才上课我都看见你的头啄米了。"

我照着他的胸脯就是一拳："你小子上课不好好听讲，看我干什么？是看人家丁甜儿的吧？"

赵乙乙的脸红了，更像个女孩子了，他连忙解释说："我没、没，就看了你一眼。"我哈哈大笑。

"什么事这么开心？"

丁甜儿回来了，我连忙拉着她说："甜儿姑娘，快给我讲题吧，你再不来，我就要请外教了。"丁甜儿瞪大眼睛，叉着腰对赵乙乙说："想抢我的学生，没门！这可是市足球队的苗子啊。"她的嗓门让正在低头摆弄手机的付甲甲也朝这边看，我尴尬极了，幸好上课铃响了，真是时候。

下午放学，只有我、丁甜儿和赵乙乙，我问："甲甲呢？"赵乙乙摇摇头："不大清楚，他说有事先走了，今天不补课了。"丁甜儿撇嘴道："听说是请了外教——外面的教练，到校外去练球了吧。"

我的心里又是一紧，这小子果然在偷偷下工夫。赵乙乙摇头晃脑地说："无争品自高，不必这样嘛。"丁甜儿又笑了："你酸不酸？也好，我们俩一起帮我的学生吧，成绩提高了我请客。"没别的办法，我再次下定决心把学习搞好。

回家的路上，丁甜儿满意地说："今天你的进步很大。"她还朝赵乙乙拱拱手，那样子自己就是个侠女，赵乙乙出手帮我这个她的徒弟。嘿，这黄毛丫头，还真把我当成她的弟子了呀。

丁甜儿在路口突然说："小子（她一直这么叫我），要不要我们大家捐款也帮你走后门呀？"她说这话的时候很严肃，赵乙乙也说："对呀，我把我的压岁钱都拿来。"我的血往头上涌，大声叫道："我要凭自己的努力，绝不走什么后门。"他们俩吓得一溜烟地跑开了，我站在那里很久，才转身回家，我强忍着，不让眼泪落下来。

我坚持训练，也坚持补课，尽量不去想其他的事情。最终在期末考试中有了回报，我一跃成为前 10 名了。班主任在暑假前的班会上和家长会上都表扬了我，连数学老师也开始对我笑了，甚至亲热地拍了拍我的肩膀。

假期开始了，我的精力就主要放在球场的训练上了，选拔赛将在 7 月底举行，我还有一个月的训练时间。正式放假的前一天，付甲甲照例去校外练球了，这已经不是秘密了。我请赵乙乙和丁甜儿去麦当劳喝可乐，我只能请起可乐，薯条是丁甜儿买的。我向赵乙乙敬了个礼，又朝丁甜儿鞠了一躬："多谢二位高人指点，小生没齿难忘，这厢有礼了。"丁甜儿笑得乱颤："得了，得了，酸死我了。"赵乙乙一挥手，举着可乐杯说："小事一桩，共同进步。"他们都让我在假期好好训练，比赛时会去为我们校队加油。

7 月里，我的训练热情像气温一样高涨，连教练都惊讶于我的进步。跟对别的队员的要求相反，教练一再让我适当休息，训练强度不要太大。这个月我换了两双新鞋，脚在长，鞋在磨损。爸妈说我的个子噌噌地往上窜，妈开玩笑说儿子的饭量这么大，都快养不起了。

我天天在球场晒，浑身黝黑。那天在街上遇到丁甜儿，她大嗓门一声吼："你小子去非洲度假了吧？"惹得路人都看我，她还夸张地拉着我要和"非洲朋友"合影留念呢。

比赛那天，我憋足了劲要拿下这场大赛。赵乙乙和丁甜儿早早到场了，丁甜儿还带着她的拉拉队，除了女同学还有她的表弟表妹等亲友拉拉队，真够夸张的。

可是我在赛场没找到付甲甲，后来教练摇摇头遗憾地说付甲甲突然病了，只好弃权。我早已把付甲甲当做竞争对手，要在这场比赛中和他见高低。现在他没来，我也泄气了。上半场，我们的球踢得还行，我自己却表现平平。中场休息时，教练在给我们讲战术，最后严肃指出我跑动不积极，还说评委都在看着我们每个人的表现。我的心里有说不出的滋味。

丁甜儿大声叫着我的名字，这次她没叫小子。我跑向她们的拉拉队，她们晃动的横幅上写着："月饼圆，加油！"还有我的大头像，是漫画式的。我笑了，接着这笑容就僵在了脸上：横幅下，我的爸爸妈妈也在，爸爸自豪地说："想不到我儿子这么棒啊。"妈妈都差点哭了："是啊，是啊。"丁甜儿说："叔叔阿姨，你们不知道，他平时比这还棒呢。"我的眼睛也有点湿了，我一直以为爸妈没关心过我踢球……

赵乙乙拉着我说："你看谁来了。"我就在他身后看到了付甲甲，他没说话，只给我做了个"V"的手势，我呆住了。我们已经好久没怎么说话了，就因为这个比赛。

那些女生继续在丁甜儿的指挥下尖叫我的名字，下半场比赛的哨声响了。

下半场的比赛我已经不用说了，我们队赢了。唯一的一次进球是我的头球，教练一一拥抱着浑身汗水的队员，看得出，他比我们更激动。他拥抱着我说：“谢谢你证明了我。”最后，令我意外的是，教练来到看台，把付甲甲喊下来，也拥抱了他，还大声说：“你是好样的。”

我回头朝看台上望去，爸妈、赵乙乙、丁甜儿以及她的拉拉队还在不知疲倦地晃动着横幅，不停地叫嚷着。

后来我才知道，付甲甲那天是故意装病的，为此他的爸爸可惜得不得了，他却说以后还有机会。我能不能进市队，结果要在10月公布，刚好是中秋节前后，丁甜儿知道了就笑着喊：“那就等到月饼圆的时候喽。”

我突然觉得结果不太重要了，暑假还有一个月，开开心心地玩吧。去哪里玩呢，我们甲乙丙丁四个人凑在一起商量了半天也没有好的方案。付甲甲的手机响了，他接完电话兴奋地嚷嚷起来：“特大喜讯！我爸公司组织员工去旅游，我跟他说了我们四个也一起去，免费的……”

不等他说完，我们就都跳起来：“哦——耶！”丁甜儿又对着付甲甲加了一句：“带上作业，我给你补课，让你也得上甲。”我和赵乙乙、付甲甲做晕倒状：“我晕——”

太阳花

闫耀明

这是夏日的一个午后，闷热把屋里屋外的空气搅得混混沌沌，虹儿就觉得自己的呼吸开始不顺畅，总有一种近乎窒息的感觉。她把手里的书重重地放在八仙桌上，冲动地站起来，目光穿过玻璃窗和长长的院子，来到街上。街上空无一人，只有白白亮亮的阳光在悄无声息地流泻。

虹儿的心开始跳得急。她望了望柜上那座老钟，已经是下午两点了。转回头，就又向街上望，一双眼里充满了企盼的光。

她在等，等那个决定前途和命运的考分。

今天是公布高考分数的日子。

虹儿明显地感觉出自己的心慌意乱。她命令自己不去想，回到桌前，坐下，又捧起《红楼梦》。看《红楼梦》是虹儿渴望很久的事。她从同学手里借到了这套书，刚刚拿回家，就被父亲抢去了。这是高考前，父亲不允许她在面临高考的最紧张最关键的时候看这套书。现在好啦，可以轻轻松松地看了。然而虹儿很快就感觉出此时她并不轻松，那干干净净的纸页上，铅字开始有了生命，像一个又一个小精灵，极调皮，与虹儿做着快活的游戏。精灵在虹儿的眼睛里不停地闪动，跳来跳去。一会儿从这一行到那一行，一会儿又从前面跳到了后面，满满的一页纸上，尽是舞蹈着的小精灵，虹儿的耳朵里注满了精灵无休止的喧哗声。

这是怎么啦，心里这般浮躁？她自言自语着。放下书，她坐直了身子，将双眼紧紧地闭起来，开始做眼保健操。刚刚做了几下，就松开手，搓了搓，然后用力摩擦自己的脸。

虹儿站起来，将身子紧紧地伏在柜面上，探着，在镜子中端详自己。似乎很久没有这样端详自己了，每天都是在匆匆忙忙的复习中度过的，谁有时间想别的事情？她发现自己消瘦了许多，脸上有一种紧巴巴的感觉。尽管消瘦些，可我还是个漂亮女孩儿，虹儿在心里说。班里的同学一致公认自己是全班最漂亮的女孩儿。可漂亮代替不了考分，能考多少分呢？虹儿的心里有些沉重，她转过身，倚着八仙桌，又向街上望。街上除了刺眼的太阳光，见不到一个人影。

她拿起书，翻了两下，想想，就往桌上轻轻一丢，转身来到院子里。没有一丝风，空气似乎凝成了粥，稠稠地将她包裹起来。虹儿开始张着嘴呼吸。

恍惚中她看见一个银白色的人在街上飘，自行车后架上的箱子也是白的。虹儿就很快地走到院门口，站在了树荫下："哎，你等一下。"

虹儿的话冲开空气，把年轻人唤到跟前："几根？"

年轻人开始翻箱子："两根。"

虹儿摸出钱："不，五根。"

虹儿把冰棍拿在手里，立刻就感到凉意在迅速漫遍她的全身。可是，她刚刚转身，突然就爆出一声叫："这是什么破冰棍！唬人吗？我又不是小孩子！"说完，就将一支冰棍重重地摔在白箱子上。这支冰棍的包装纸已经脱落，冰棍上沾着些黑色的杂质。

年轻人吓了一跳，忙又拿出一支递到虹儿的手上，然后转身走了，熔化在炽热的阳光里。

虹儿也吓了一跳。为什么发这么大火？她问自己。于是她又望了望远去的年轻人摇晃的背影，好一阵，才慢慢转身回到屋里。

她坐在椅子上，一边吃冰棍，一边用扇子扇风。眼睛，还是望着大门外，望着街。

冰棍很清凉，虹儿吃得很快，转眼就吃了两根，但她觉得心里仍是闷闷的，丝毫没有清爽的感觉。

这时虹儿看见一个人走进了院门，手里还拎着一只火红的公鸡。是邻家胖大嫂。后面跟着一群孩子，嘀嘀咕咕说着话。

虹儿心里一阵紧，她不知道发生了什么事情。她站起身，慌慌地迎出门。

胖大嫂重重的喘息声如风箱一样拉来拉去，拉得虹儿心痒痒的。炎热已经使胖大嫂的脸上分布了数条清晰的汗迹，厚厚的双唇极有规律地跳动，把弟弟的罪行一股脑儿倾在虹儿面前。

“你看，”胖大嫂扬起手里的公鸡，“你看这鸡腿，生生给打折了。”公鸡恐惧地抖着身子，尖嘴里发出呻吟声。“弄个破弹弓，是打鸟儿还是打鸡？”

一群孩子团团围着她们，一律是仰着脸，眼睛尖尖地盯着虹儿。

虹儿抬起头，目光漫过孩子们的头顶和胖大嫂浑圆的肩，伸向大门口。她注意到弟弟正胆怯地躲在大门边，歪着头向院子里望，见她抬头，慌忙闪开。虹儿的心里就一阵恼。她开始生气，实实在在地生弟弟的气。吃过午饭，她千叮咛万嘱咐地告诉弟弟，去街西学校的大山墙前看着点，发了榜，就来告诉她。可弟弟却闯了这么个祸。

“大嫂,你说咋办吧。”她说。她本来想劝几句,可话一出口,却没有了歉意的成分。

院门口,闪出邻家大哥的身影,塔一样立着,粗粗的声音直直地冲过来:“回来!你给我回来!丢不丢人!”

胖大嫂盯着虹儿,抖了抖手里的公鸡:“总不能就这么拉倒了。”

虹儿转身回屋,又风一样飘出来,把一支冰棍递到胖大嫂的手里,还有五块钱。

胖大嫂开始转身向大门外走,孩子们拥着又叫又笑,跑成一团。

“丢不丢人!”邻家大哥还在吼,“孩子又不懂事,不就是一只鸡吗?”

胖大嫂一边吃冰棍一边嚷,一直嚷到街上。虹儿没有听清她嚷什么,只是静静地站在那儿,任阳光热烘烘地烤着她的身子,肩头便有些辣辣的感觉,有点疼。

愣了好一阵,虹儿才回到屋里。屋里静悄悄的,只有老钟不紧不慢的脚步声在空空的屋子里走动。父母都到瓜地里去做活了,家里只有虹儿。

坐下来的时候,虹儿的心里更加躁乱,呼吸也莫名其妙的粗。剩下的一根冰棍静静地躺在八仙桌上,虹儿却懒得去吃它。书就更看不成了。她定定地望着桌面,一动不动。这张古旧的八仙桌是家里的老古董了,父亲也说不清它是何时来到爷爷家的。父母亲成家时,它就摆在这儿,从没动过。母亲每天都把它擦得亮亮的,闪着乌红色。就是这张桌,伴着虹儿度过了无数个不眠的夜晚。一次又一次,当她学习已晚的时候,母亲轻轻地把一碗荷包蛋放在她的面前,散着浓浓的热气和蛋的香味。虹儿的心里就热热的。

在虹儿的心中，父母亲为了自己的成长和学习所付出的劳动实在是太多太多了。

如果考不上，那将如何向父母亲交代？她感到这考分简直就是一条绳索，紧紧地捆着她。

弟弟已经悄无声息地走进屋里，站在门边，眼睛怯怯地看着虹儿："姐……"

虹儿把桌上的冰棍递给他："吃吧。"她没有责备弟弟，抬手摘去弟弟头顶上的一叶碎草。

弟弟咬了一口冰棍，抬起头："姐……"

"不用慌慌张张的，"虹儿看着弟弟，"往后玩弹弓注意点就行了。"

"不是，姐，学校山墙上，贴红榜了。"

"什么？"虹儿一下站起来，眼睛瞪得圆圆的，伸手抓住弟弟的肩，"你说学校发榜了？"

弟弟陡地来了兴致，他的目光不再怯怯的，洋溢着鲜鲜活活的内容："是啊，发榜了。有你的名儿，姐！"

虹儿愣了有一分钟，反反复复地看着弟弟的脸："有姐的名儿？"

"有！真的有！"

虹儿深深地吸了一口气，在弟弟的额上响响地亲了一口，旋风般出了门。

虹儿不知道自己是怎么回家的，不知不觉的她就在屋里了。她的心怎么也平静不下来。村里人夸她她没听见，心里总是反复闪出这句话：我考上大学了。

真的考上大学了。她告诉自己。不久，自己就要离开家乡，到省城上大学了。

虹儿突然觉得心中有一种说不清的感觉在不停地涌动，鼻子就酸起来，她清晰地感到自己的泪水流了出来，极畅快地流。她用双手捂住脸，深深地埋在胸前，无所顾忌地哭起来。泪水已经从手指缝流出来，顺着小臂，向下流。

好一阵，虹儿才平静下来，她擦了擦脸，想了想，又轻轻地笑，无声地笑。

她来到日历前，认真地看。7 月 28 日，这是个好日子，是个喜日子，是个此生都值得纪念的日子。

虹儿把那张薄薄的纸撕下来，拿在手里。这是 365 张中的一张，这一张应该收藏起来，她想。她把那张纸认真地夹在《红楼梦》里，又轻轻地拍了拍。

父母亲还在瓜地里干活呢，他们听到这个喜讯一定很高兴。虹儿想。应该马上到瓜地去，向父母亲报告这个好消息。

虹儿转身就走出屋门，来到了街上。她似乎已经忘记了天气的炎热，走得很急，双腿摆动得十分灵巧。不一会儿，虹儿就出了村子，向村南一望无垠的田野走去。

爬上土坡，虹儿感到似乎有风在吹，迎着她的脸面，把一些隐隐约约的香气送过来，送进虹儿的鼻子里。她一眼就看见河对岸的瓜地里，父母亲正蹲在瓜秧中干活。

她很快走下土坡，踩着石头，跨过弯弯的小河，来到对岸，站在了瓜地的边缘。

太阳在空中静静地悬着，把大片大片的光洒到大地上。虹儿看到地头上无声无息地立着秫秸窝棚，在宽宽的草坪上投下方方正正的影子。父亲的衣服随随便便地躺着，躺在阳光下，反射着淡蓝淡蓝的光。面前的瓜地阔阔地伸展开，极平坦，绿油油的香瓜秧伏在地上，吮吸着阳光，那样安详，仿佛把烦闷与不快都淡忘干净，自自然地生长着。父母亲正在田地里埋头劳作，那身影在瓜地中异常显眼，有一种高高大大的感觉。太阳一样地照在他们的头上、肩上，不时晃动一下，闪出许许多多的生动来。这时虹儿闻到一股味儿，先是微微的风在面前旋了三五下，然后就有一缕一缕的馨香弥漫在她的眼前。她分不清这馨香是来自瓜秧，还是来自野花。这是淡淡的香味儿，在虹儿的头上缠来缠去，钻进她的鼻孔里，直沁入她的胸中，引得虹儿深深的吸气、吸气，仿佛要把这香气都吸进一般。风吹得很轻很淡，长长的瓜秧和宽宽的叶片间就一下一下地摩擦，发出细碎的声响，很像生命在茂盛的声音，低低的，深沉有力，在田野中升起。瓜秧的枝叶，还有脚前青碧的草，在微风的旋转中，缓缓地摇动着身姿，触摸着她白白净净的脚趾，痒痒的，描述着大自然的无限温馨。平平展展的大地的胸膛，迎接着太阳光在上面生长，开出鲜鲜亮亮的太阳的花朵，把世界装扮得鲜美无比。

虹儿被面前这盛开着的大片大片的太阳花所陶醉。

虹儿突然领悟到，这馨香来自父母劳作的大地，来自那开不败的太阳花。

闪闪烁烁的太阳花开在她的面前，在父母的背影点缀下，形成一幅精美绝伦的图画。这图画似乎是虹儿企盼很久的了，虹儿在这一瞬间体验到了一种全新的感受，给予她很多的启迪。

她收回目光，捏了捏手里的书。

今天有什么特别吗？她问自己。

今天没有什么特别。她回答自己。不同的只是人的心。

虹儿翻开书，拿出那薄薄的日历，端详了一阵，轻轻把它撕成碎片，丢在河水里，如细小的花儿，随河水缓缓流去。

她转身走进地里，望了望，蹲下身，开始整理瓜蔓，平静地做着父母亲正在做的事情。她似乎忘记了来这儿的目的，只是干活，那么专注，那么细心……

自己的天空

唐池子

一

申音一起床就嗅到了怪怪的味道，一个阿嚏火箭一样发射，呀，平地起春雷！正要伸个懒腰得意，老妈的声音像针尖一样传过来："快加毛衣！"空中挥了几个成龙拳，冷脸一笑，老妈再厉害，也只不过与正扑通扑通冒气的电饭煲平分秋色。咦，不对，还有什么声音？啪！啪！啪！天啦！陡然而生的消极暗示乌鸦似的聚集过来。条件反射一样推开窗子。最不愿意的镜头出现在眼前——下雨啦！下大雨啦！原来是这个大头鬼在暗算我！

你知道申大侠生平最恨什么吗？所谓屋漏偏遇连夜雨！想想小时候幼儿园像向日葵一样灿烂的日子，申音小熊温尼一样地活得甜蜜自在，一个星期得的红五星两个手的指头加起来都数不清。所以，翘着头要长大，天天踮起脚与隔壁的毛毛哥哥比高，毛毛哥哥每天戴着绿领巾，睡觉的时候像根围巾绕着脖子，申音一点试试看的机会都没有。偷偷告诉大辫子老师，老师的辫子温柔地垂到申音的两个耳朵边，毛毛虫一样让人痒痒的，又是暖暖的，像她的声音一样，很舒服。"小申音，你上了小学也可以有绿领巾了！"

申音的心里呀，一下就投进了一颗种子，种子像电影里的快镜头一样，一片叶子一片叶子地舒展，身体也一寸一寸地拔高，终于盼到了小学。

可是，马上又失望了。第一天老师就笑眯眯给每个人发纸，申音还以为小学里有印刷厂，像叔叔厂里一样，整天印信封。一看，纸上还有字，有图。老师又笑眯眯说，是测验，就是考试的意思。做得出来的小朋友就聪明。申音平时也是很聪明的，可是，也许就是那天下雨，真是一点也不聪明，骄傲的心一点点坍塌，第一次发现自己原来是一个不聪明的小男孩。回家就哭，泪水与外面的雨水连成一片，是一个男孩的汪洋大海，从此无法逾越。

今天，就是大考。曹老头就等着这天与申音较量。其实，申音算不上调皮过分的男孩，准确地说，本来就不是调皮的人。只是一米八的个子，总是鹤立鸡群，惹女生的眼，也惹曹老头的眼。曹老头看他就像上菜市场挑白菜，左右扫瞄一通："哼，是根苗子，不要荒废。"那种冷飕飕的语气就像老农民看顺了一块田地，想施点肥加点料就可以种上个萝卜白菜什么的，弄得申音心理的不平像拔了塞的热水瓶一样呼呼直冒。第一次，就与这个干干瘦瘦的老头较上了劲。

为了赢得好看点，申音最近几天白天在教室与同桌罗小欢小打小闹，晚上回家做拼命三郎，夜车从昨天开到今天，从今天开到明天，反正差不多是天天做跨零点的一代。把老妈感动得几乎要泪流三千丈，我们申音真是长大了，欣慰的语调听得他有些心痛。真是成熟了吗？老妈，你好可怜。但是，申音，难道你不是好可怜，你是虚伪得好可怜。

经过几个晚上的恶补，差不多就要胸有成竹了，只想着万事俱备，只欠东风，请老天爷网开一面，给一个安慰的笑容。哪想到昨天这个笑容还蛮灿烂，今天就来了急刹车，变成倾盆大雨。命运啊，你真是一个百变魔头！

可是，难道申大侠是个信命的缩头龟吗？想起张惠妹的MTV，幽怨的眼神，透过蒙蒙雨帘，声音沙沙地唱：“我可以抱你吗，爱人？”不禁大唱一声：“你可以害我吗，老天？”郭富城一样甩头，耶！不怕！今天，申大侠要战胜自我！！

雨下得太大，没有办法骑跑车，站在312上，心跑得比312还快。312怕雨淋痛一样，蜗牛般爬着，它也怕曹老头的考试吗？

好容易熬完了第6站，312打哈欠似的停下了，没有耐心等它打完，申音就跳下来，拉紧书包百米冲刺，无数朵水花在身后“昙花一现”。刚到学校的围墙边，听得上课最后一道铃声已经奄奄一息。申音此刻真想有至尊宝的时间轮回大法，喝一声“时间重现”，给自己一个机会冲进教室。当然是不能想着童话了，面对现实吧，除了万箭穿心，众“目”烁石，还有曹老头的当头棒喝。哎！今天真是够倒霉了！

端着不慌不忙的架子，木村拓哉一样酷，出现在教室面前。一看，慌了神，大家已经在埋头奋力笔耕了。曹老头正在后面低头指点着谁，申音低头一溜，滑到了自己的座位。书包塞好，瞄了几眼试题，心中暗喜，拔开笔套像女人抹唇膏一顿乱涂。可惜，一下水流得太畅，反而容易堵上，一道该死的辨错题上看下看左看右看还是没有破绽，个个都像绝对真理。旁边的罗小欢埋着头做题，收敛了平时的张牙舞爪，很绵羊的样子。哼哼，有点可爱，又有点可恨。

正在这时，突然一股凉意顺着脊背上升，背后有鬼！一回头，曹老头的两道“冷箭”寒光一闪，正中申音的眉心。“迟到了还不好好考？”一句话，简直不想让人活，就要让人羞惭欲死。想起初中时的入学考试，一个监考老师像跟申音有仇，一直坐在他旁边伸懒腰打哈欠，加上抽“红塔山”，烟熏环绕，都没有这样让他如芒在背。申音想今天总是得意得太早，想来更加冤枉。别人是乐极生悲，总算是爽了一回。自己却是战战兢兢得意一下，马上就被按下十八层地狱，失去天日。一下子，居然不能悬崖勒马，重新振作认真考一回了，先前要体面要风光的打算都烟消云散了。立马想起十年前第一次考试时的沮丧，一个声音“你不是聪明的孩子”从天际传来，人傻了一样，盯着课桌发呆。

“课桌上有什么？”申音从来就没有被曹老头忽略过，冷箭又杀回来了。

“没有什么。”申音赶忙拉过试卷，准备应付新一轮的“围追堵截”。

“这是什么？”黑乔木一样的手掀开了试卷，课桌上赫然出现了几行字：

> 把酒祝东风，且共从容。垂杨紫陌洛城东，总是当年携手处，游遍芳丛。
>
> 聚散苦匆匆，此恨无穷。今年花胜去年红。可惜明年花更好，知与谁共？（浪淘沙）

这不是早几天曹老头抄给我们的每天一词吗？是那个辛什么的句子，什么时候在我的课桌上的。申音有些不解了。

可是，接下来，曹老头把试卷翻到第三面，申音的不解就变成大惑，甚至要大恐大惧了。伴随着巨大的心理变化，申音的面容仿佛也发生了化学变化，用简洁的图画来表示就是：一个圆脑袋上出现了三个完全的圆圈，两个瞪得圆圆的眼睛，一个喔得圆圆的嘴唇。

赃证并获的声音：“你作弊了！”死刑刻不容缓地判了下来，

申音的眼前绝望地一黑，差点在寂静的考场上喊出声来：“冤枉啊！”

旁边的罗小欢用力敲了申音的“黑西瓜”，狠狠骂了一句：“倒霉鬼！”

原来这份考卷的最后一题是：请全文默写辛弃疾的《浪淘沙》（10分）。

二

首先是下雨，再迟到，还被人陷害作弊。到底是谁在害我？这个问号在申音心里打得比曹老头的那个质问还要重得多。曹老头一直反复追问：到底为什么要作弊？还有，考前不好好复习，寄希望于这样的小诡计，能逃得过我老人家这双捕快眼。讲着讲着，曹老头居然有些眉飞色舞，要自夸起来。申音说，可怜呀！曹老头马上有了反应，你说谁可怜？申音马上低头，做屈服状，哑着声音说，当然是说我。心里却恨恨在叫，我一定要抓到真正的元凶。曹老头大概动了恻隐之心，你要是承认，这次我就不通知家长了，不过分数还是要做零分处理。申音想我说冤枉难道你老人家会做包青天？说不定你早盼着看我的戏呢。可是，我要是承认了不是当了别人的孙子吗？我该怎么办呢？天要保佑我！要是有枚硬币在身边就好了。

曹老头看申音一副犹疑的样子，说，我看你是不但要得零分，下周一还要交份详细的书面检讨。申音的牙都咬碎了，一颗颗往肚里吞，说：好吧。

灰溜溜回家，老妈的眼睛像牵出了黏黏糊糊的长线，一直黏糊在申音的身上。吃晚饭的时候，长线还是化作有形，小心翼翼问了一句：“考试怎样？”申音的心一抖，真想跑到老妈怀里大哭，想想自己也算顶天立地的男子汉，就忍住了，说：“还行！”一句话哄得老妈笨笨地不知为什么开心，申音最喜欢的猪蹄子在饭碗里挨个码了一排。

第二天是周末，老天居然又灿烂了起来，阳光万丈的样子。虽然成了一回“作弊分子”，戴上老爸的鸭舌帽，还是蛮像福尔摩斯，于是，本来有些黄黄的脸色又有些闪烁，想想今天自己特殊的身份，不禁像窗外的太阳更加放光起来。此案我不破谁破？不过，他是双重身份，既是受害者，又是破案人，发誓要自我救赎。

跑车飞一般跑到学校，到门房间伯伯那借了钥匙，哗啦啦，一长串，觉得自己都有些像阿里巴巴。学校只要没有了学生，就像一个空盒子，怪怪的。走进自己的教室，终于找到了一点熟悉的感觉。一个箭步跑到自己的座位旁，看到那行词还是很清晰地留在那里。娟秀的字体背后不知晃动着谁的可怕嘴脸，一个地道的阴谋家。到底得罪了谁呢？要这样算计我申大侠？心又有些恨得要痒起来，真想放歌长啸一声试试。哎！男子汉还是没有办法做到“不以物喜，不以己悲”。

申音走到自己的座位边，细细看有些千疮百孔的桌面。昨天的那行词还是那样的清晰，的确是最近所写。而且，笔迹比较娟秀，马上应该可以排除自己。可是，曹老头又不会管这些的。娟秀是一个特征，但是又不算独特。因为，那时班里流行娟秀的钢笔字，大家都在练习。其实，这行字真是算不了什么，在整个密密麻麻的小蚂蚁中之所以显眼，是因为它的新笔迹。

教室里静得骇人，环顾左右，申音突然发现空气中有一种什么样的气息在向他蔓延。是什么样的气息呢？申音用力在空气里嗅了嗅，并没有什么很强烈的气息，也不是什么平时任何一种熟悉的味道。教室里除了他自己的呼吸声，好像什么也没有。他俯下身去，看见的只是一排排静止的课桌椅腿，那样整齐地挺立着。抬起身体的时候，视线中的课桌好像有了一种轻微的晃动。一瞬间，他明白了，刚才这种气息就是静止的味道。在静远大于动的时候，静本身可能转化成了感觉里的动，这么多课桌的静止集结，向空中他这个唯一的动靠拢过来。那些静止着的课桌突然生动起来，像一排排的课桌书本一样向他展开。

申音发现自己成了闯进大观园的申姥姥。一张张课桌看过去，是很多的乐趣和心惊。

一张课桌上居然密密麻麻地附庸风雅着主席那首雄伟壮丽的《沁园春》，不过，词牌名改成了《考试》，左辨右析全文如下：考场风光，千里纸飘，万里眼飘。望教室内外，风景甚好，交头接耳，互打手势，欲与考官试比高；需来日，看试卷成绩，互喜互贺。惜八股取士，摇头晃脑，死记硬背，甚是苦恼。一代天骄，时代娇子，考试作弊出高招。俱往矣，数风流高手，还看今朝。

哈，妙死了！可惜自己没有做成风流高手，反而成了“替罪羊”。不过，此公还是蛮有水准，考试真是死记硬背，甚是苦恼。一语道尽失意人啊！

一张课桌上醒目地写着：尼采：上帝死了！下面紧加了一句：上帝的 PC 死了！后面又加了一句：星期天死了，晚自习活着。真绝！

那边课桌上画了一颗心，走近一看，上面有字：Love you！旁边有行小小的落款：Rightside。笔力粗犷，想必是一个男生的杰作。也许这个座位的左边曾坐过一个同桌的你吧。心旁不知谁做了一个恶作剧，加了一个骷髅头像。骷髅后面还不依不饶地加了一句，

Love 你美丽的容颜！白森森的头骨，像在狞笑。蜡笔小新横空出世，可能也想不出此等坏招。还没有完，有人大概觉得意犹未尽，在后面又添了一个天使头像。下面也注了一行字：一半是火焰，一半是海水；一半是天使，一半是魔鬼。申音想，看来，天使放在魔鬼的前面，根据中国人的语法习惯，重点落在后面，可见这家伙不是什么小女生，对女生有几分成见。

那边一句“苦着自己，凉着别人”简直让申音有知音之叹。做惯了孤独大侠，在家里沉默，在学校是不肯与人交心，这短短八个字简直写尽了自己。

刚想感叹，又被一张课桌上的一个“H2B”吸引了。“H2B”是什么意思呢？铅笔的硬度，人名的缩写，还是什么奇怪的代号呢？下面紧接着写着“COMIC”。联系起来看，有点意思了，“COMIC”表示漫画的意思，是不是曾有个漫画的社团就叫“H2B”呢？如果是漫画社团的名字，这个名字真是很奇怪啦。下面又出现一排蛮酸的文字：凄凄切切，你的泪水；惘惘然然，我的徘徊。就在“徘徊”下面居然又加了一句：翠花，上酸菜！天马行空地乱写乱涂。

有的课桌上还八卦一样罗列了很多的数学公式、历史事件，一些作弊者蹩脚的“罪恶”记录。还有些面红耳赤的句子，庸俗无聊，这里就不一一交代。看着课桌上袒露的这些，申音想起了一句诗，套用一下很能表达此刻自己的感受：年年岁岁“桌”相似，岁岁年年人不同。这些普普通通的课桌静静地站立着，一月月，一年年，更换了多少面容，多少心情，多少花开花落的寂寞和繁华，忠实地作了年少时光的见证。多少成长苦恼的倾诉，青春情愫的表白，这些本该好好保护的桌面都一一承载、一一印刻下来。申音发现了一个被自己忽略的世界。

难道那句写在自己课桌上的词也是这种东西？是有人要在他的课桌上调侃表白？申音觉得耳根有些发热，心跳陡然加快。别自作多情了！申音一抬头看黑板，仿若看见了曹老头那张茄子脸，脑子一下冷静下来。每周一早自习，曹老头都会在黑板上抄一首文绉绉的诗词，要大家记下来，说是要扩大阅读量，培养语感。什么“聚散苦匆匆”，酸死了的句子，就是那个辛什么的老头的大作。当时，申音看了几眼，哪想到曹老头会把它当宝贝，作为这次考试内容。更哪里想到还有人居然居心叵测，在他的课桌上“雁过留痕”，害他有苦说不出。虽然多少有些不虚此行的意思，可是心里还是留了一点点的不甘。

三

没有成功的福尔摩斯只有乖乖回家了，躲在小窝里炮制了一篇长篇大论的检讨书，晚上做梦都大喊冤枉。第二天，起了个早床，唯恐迟到又撞到了枪口上。

走进教室的时候，引来了很多目光。首先，这次上学是如此主动，离上早自习居然还有 10 分钟，在申音还真是第一次。另外，作为作弊分子，享受享受此等殊荣还真不是什么大事。

大义凛然地大踏步到座位上，罗小欢一副傲气的样子，没有一点要搭救的意思，头也不抬坐在那里。真是不够哥们！申音一屁股坐下，猛掀开课桌，有情况！空空的课桌里居然安然躺着一个信封，淡绿色的，生发着一种说不出的神秘。呀，申音果然走了什么运了，这样神秘的信封不装情书装什么？瞟了罗小欢一眼，还好，她还是那样死气沉沉，没有发现险情。申音以迅雷不及掩耳的速度，把信封揣进怀里，一闪身，就往厕所跑。出教室门口的时候，差点撞翻一个人，听得大骂一声：“冒失鬼！”原来是曹老头。低头哈腰大道歉，说明自己是身不由己，如此这般，曹老头才放行。

申音一边跑，一边摸胸口，还好，信还好好躲在他的怀里，要是被曹老头发现，那火上加油的效果他绝对是无法承受了。大声咳嗽一声，厕所里没有一点反应，太好了，一个人也没有。申音激动万分，手抖抖地抓出那封信，不用掂量都知道那封信的厚度，急急撕开不干胶，展开一看，打头三个字就把申音看得呆了过去，上面居然端端正正写着：检讨书。称呼是：敬爱的曹老师。落款是：申音。厚厚三大页居然是一份“借刀杀人”的“忏悔书”。大起大落让申音此刻的心情不知是喜是悲，一下竟诉说不清。到底是谁在玩他？一再把他引向喜悦的高峰，又跌至痛苦的深渊。如果不是害他，为什么要在他的课桌上写下考试的内容？如果是害他，为什么又要替他写下检讨书，却不露面。

冲进教室，坐下就质问罗小欢：“有谁到过我的座位上？”

“干吗？做警察啊？”罗小欢一点也不配合的样子。

申音的火气就要烧到眉毛上，闷声骂了一句：“世态炎凉！”

“有这么严重？”罗小欢一副大梦初醒的样子，又是一副搜肠刮肚的样子。半天才迟迟疑疑说：“有方彬，还有……肖思思。”申音的神经系统马上发生反射：方彬，男，身高 1.6 米，但是短小精悍，人称“方景润”，且一向自命不凡，与罗小欢也有称兄道弟之谊。不会是最近他与罗小欢有“近水楼台”之嫌，就……

肖思思，女，以前与她的同桌秦大勇被人称做“死党”，自从秦转学后，与罗小欢打得火热，喜欢串“座”，有事没事喜欢串到申音的座位与罗小欢咬耳朵。肖思思一对大眼睛水汪汪的样子，难道她接近罗小欢是“醉翁之意不在酒”？

正要进行更加严密的逻辑思考，罗小欢的手肘猛撞了他一下，他抬眼一看，曹老头正走进教室，审视的眼睛正朝这边雷达一样扫射。

化被动为主动，申音举手示意曹老头，将自己的检讨书毕恭毕敬地呈献。曹老头接过，满意地踱出教室，看来把每周一次的诗词抄写都忘掉了。老师就是这样可怜，永远只能看到学生的表面现象或者形式主义，那些更为内在的东西不知他们是没有能力还是没有耐心去关注。

此刻，申音的心里想的却是到底是方彬还是肖思思，两个人的名字在他的脑海里煮饺子一样折腾。看看方彬，他扭着头对着身后的姚令不知在得意地说着什么，看不出嫌疑在哪里。再说，好像方彬的字向来写得如同天书，那首词不像是他抄的。

那么，只剩下肖思思。难道是她？肖思思这样文文静静的女孩子，与罗小欢是完全不同的类型，一直不知她们两个怎么会做得成朋友。也许，她的确是“爱屋及乌”，想借此机会接近我？肖思思一副心无旁骛的样子，所有的心思用在晨读上，马尾辫伴着节奏轻微地摇过来甩过去，摇得申音刚刚理清的思路一下又被弄乱了。

“看着肖思思干吗？”罗小欢两个眼睛瞪得像灯笼。

“没……”申音有些语无伦次。他镇定了一下，问，“我们算不算朋友？”眼睛直盯着罗小欢。

“当然啦！”毫不迟疑地回答。

“那，你说，是不是肖思思把字写在我的桌上，帮我写检讨书？”申音的声音坦率得可怕。

“啊！”罗小欢居然突然大惊失色，惊慌失措。

哈，她为了一个朋友不得不出卖掉另一个朋友了！申音想起来古龙的句子。

“我够聪明了吧，这个案被我破出来了！”申音的得意简直可以足以让他在空中狂舞。

“聪明你的大头鬼！”砖头在他的“黑西瓜”上猛砸了一下，抬手一抓，居然是厚厚的新华字典。

“想砸死我？”申音准备朝罗小欢大吼一声。他侧过脸，嗓子里突然一句话也说不出来。

原来，他面对的是罗小欢那张满是泪水的脸。一向活泼好动、热情洋溢、嘻嘻哈哈、假小子疯丫头一样的罗小欢居然泪流满面，居然会像小姑娘那样泪流满面。诧异怎么能够说得清申音这时的心情。

“人家想帮你考好用尽了心思，你却……你太不够朋友了！”罗小欢说完，抬脚就冲出了教室。早自习的铃声看热闹一样响起来。

申音木然地看着肖思思追出去，看着很多同学探寻的眼光，静静地坐在座位上，脑子里一片空白。是的，他感觉到了，在空白里他还是感觉到了，一种叫震撼的东西。他第一次在心底反复去掂量一份叫做友情的分量，反复掂量就在身边属于一个女孩细致而真诚的关切。他的脑子里突然冒出了课桌上的那句“苦着自己，凉着别人”，他这次是真的忽略到凉着别人了！为什么个子一直这样长高，心却不能长博大一点呢？不能长大到能够承载一点爱，对自己，对别人？为什么不能将那八个字改一下，改成“爱着自己，爱着别人”呢？包括辛劳的老爸老妈，包括罗小欢肖思思方彬，甚至还有曹老头，还有那个叫申音的骄傲的大男孩呢？

感动和感悟的泪水一点点流下来，眼前的课桌又像先前一样生动起来，心一点点柔软，一点点温暖，申音感觉自己第一次真正飞翔在属于自己的天空……

寂静的山谷

李丽萍

整个春天和夏天，你听吧，从清晨开始，叮当，叮当，叮当，这样的声音就从山谷里传出来，我知道那是谁，那是我的亲人在打造铁器，我就是听着这声音长大的，连山林里的琴鸟也模仿起了铁锤敲打的叮咚声，直到一轮圆月冉冉升起，月光洒满这寂静的山谷，这声音依然在回荡，既遥远又模糊，仿佛是从月亮上传出来的。

我知道那是谁在抡动大锤，那是大块头的铁匠师傅，是山里有名的硬汉子，他裸露的双臂由于常年操锤劳作而肌肉发达，棕色的皮肤上汗水闪闪发亮，火红的背景衬出他结实的身体，他不停地抡动着大锤，使铁块火星四溅，一串串火星腾空升起……

凡是铁器活师傅都接，大到修大车，小到钉马掌，他的打铁铺子原来并不在这个山谷，我爸死去的第二年他就从家乡搬来了。从他来那天，铺子的大门就这样对着大山敞开着，呼呼的风匣声和叮当的敲击声就从里面传出来。

我曾是铺子里的常客，在那里度过了美好的童年，我的肺里到现在似乎还装满了铺子里的热气和煤烟，呼出来的气息似乎还带着煤烟和铁锈味。那里不干活时炉子上总是烧着开水，附近开铺子的人就端着搪瓷缸，缸子底铺着茶叶末过来讨水喝，所以铺子里总是挤满了人。每一个人对我都很亲热，我仰着沾满灰尘的小脸，对他们亲切地微笑，听任那些大手亲热地揪我的小辫子，伸出肮脏的小手接过他们递过来的炒花生、瓜子、地瓜干或糖果。

我一出生爸就没了，山里的乡亲都很照顾我，而铁匠师傅是对我家最好的人，他竭尽所能照顾我家，不但安排妈给铺子里做饭，我也在他的照顾下上了小学。

我爸刚没的那一年，大人们经常谈论起他，我知道了事情的全部经过，爸爸是个勤劳能干的好人，跟随施工队远走他乡，有一天从施工队高高的脚手架上掉了下来。铁匠师傅一听人谈起那场灾难，就用怜惜的目光看我。我却对那场灾难无动于衷，我太小了。

我将身子靠在铁匠铺龟裂的土墙上，幸福地嚼着手里香喷喷的咸菜和馒头，望着太阳从山那边放射出的夺目光芒。我对自己拥有的一切很知足，我喜欢这个寂静的山谷，喜欢清贫而杂乱的打铁铺子，喜欢热气和煤烟，喜欢阳光和尘埃的味道，喜欢遥远的那条长满青草的牦牛河，喜欢河岸那边广袤的大地，在那里，除了一头牛在静静吃草，一只乌鸦站在它的脊背上，剩下什么都没有，那片土地，是那么空旷、辽阔、宁静，纯洁，仿佛从来都没被外面的世界所干扰过，我的灵魂经常被那景色所软化，满怀一种亲切和忧郁的情愫，像一位原始的酋长一样凝望着那产生光明和黑暗的遥远天际。

我喜欢长时间的观察和幻想，一只蝴蝶的破茧而出，一只蜉蝣的朝生暮死，或者藏在河边的芦苇丛中，听芦苇的低吟和鸟的清脆鸣唱，所有美丽的事物都令我着迷；我爱看书，爱得如醉如痴，对书中出现的一些词汇非常敏感，当我读到“当花瓣离开花朵”这句时，会突然被泪水蒙住双眼。

我热爱我的打铁铺子，我会一连几小时如醉如痴地坐在那里观看他们打铁。看哪，他们在这里造出了世界上最纯净的铁，这个过程如此美丽：

小伙计往手心里啐一口唾液，拉动了风箱，啪嗒、啪嗒，幽蓝的火苗从里面窜出来，铁块被投进炉子的一刹那，艳红的火星四射，在屋子里噼啪爆响；铁在炉子里渐渐变红变软，又被放上铁砧经过有力的锻打，叮当！叮当！我默数着铁锤落在铁块上的每一声脆响。然后是淬火。石槽里用来淬火的水被小窗口投进来的阳光染成了金色，“滋——”冷却后的铁泛着蓝光，敲一下，声音响亮。等到停歇的时候，师傅手里沉重的铁砧会轻轻的，清脆地落在空铁砧上，他满意地叹一口气，然后把破旧的皮裙从脖子上拽下来。

看见我眼巴巴的目光，师傅忽然想起了什么，于是从衣服深处的什么地方掏出个小钱包来，翻出个一毛的硬币放在我手心里，硬币在我的手心里闪闪发光。我托着那枚闪闪发光的硬币，撒腿就朝村长儿子开的小卖铺跑去，买来五块水果糖，然后分给师傅两块。师傅像往常一样一下子全送进嘴里，竭力让我相信糖被他一口咽下去了，我笑着在他几个口袋里乱翻，希望他还是藏起来好，这样我没糖时他好再拿出来。

师傅看着我乱翻，我找不到，他便得意地笑个不停，然后蹲在门口舒舒服服地装一袋烟点燃，喷出一口，在阳光里欣赏那缭绕着的蓝色烟雾。这是师傅最为舒心的时刻。也总在这时，从远方传来哗啷哗啷的响声。

师傅的头令人不易觉察地朝那个方向倾着，凝神细听。我知道那是妈在我家围墙后面的水井里打水，她马上要来送午饭了。

师傅和我爸爸曾是最好的朋友，打那眼水井时师傅还曾来帮忙，系吊桶的铁链子，还是师傅亲自打出来送给我家的。每次打水时山里的人都能听见，因为拉吊桶的铁链声音很响，哗啷哗啷的。

每次铺子里的伙计一听这声音,就放下活计不干,光等着吃饭了。

妈挑着饭担的苗条身影一出现,师傅便慌乱地迎出门去,尽自己最大的热情招呼妈。我不明白为什么妈每次来送饭,师傅都如此表现,他的高兴劲儿令人疑惑:他不停地出出进进,不停地擦着汗,不停地往前胸后背上摔打着毛巾,不停地哼着歌,话也较平时多了,对我也亲热得过分:我蹲在地上吃午饭,师傅过来过去都要揪一下我的辫子,把我都揪疼了,有时候为防止他再揪我,我就抱着饭碗躲出去吃。

铺里的伙计也不知怎么回事,平时都有眼力见儿,偏我妈一来,他们就懒了,就看不着活计了,就不帮师傅了,里外就他一人忙活。但这时师傅心情总是特好,不但不会生气,而且还会殷勤地给每个人盛饭并端送到他们手里。

妈只是矜持地微笑着,什么也不说,用手绢擦着汗,好看的瓜子脸因为挑着担子一路走来而红扑扑的。她坐的那条板凳,师傅用袖子不知擦了多少遍,光可鉴人,只有妈来时他才把这条凳子拿出来,但妈仍然怕脏,只坐一个小角。她假装擦汗用手绢捂住嘴和鼻子,生怕呼吸到屋里的热气和煤烟,然后很小心地打量着铺子,好像目光也怕被弄脏似的。我有点忿忿然,因为我实在觉察不出哪儿脏,我觉得这儿是世界上最好的地方。

因为铁匠师傅的盛情,妈耐着性子多待了一会儿,然后很快就走掉了,师傅只好眼睁睁看着妈走掉,对着她的背影狠抓自己的头皮。我觉得我妈很不好,师傅是一个多么好的人呀,她为什么不在铺里多待一会儿呢?如果她能多待一会儿,师傅会多开心哪。听说,师傅当初是为了我妈,才把铺子从几里外的镇子上搬来的。有时我也想,唉,师傅这么样一个大男人,也真是的。

师傅对我的喜爱并不是因为我妈,而是发自内心的,谁都知道这点。他最高兴有人夸我。有一次我的老师路过铺子，师傅给了他热茶喝，他看见了我，就顺便说起了我。

“这丫头爱读书，将来一定有出息。”

师傅立刻很高兴，马上给老师往杯里加热水，一边得意扬扬，好像我是他教育出来的，等我路过他身边，他一把抓住我，从衣服某个角落抠出一块糖来扒开，塞进我嘴里。我含着糖，腮上鼓起一个包，跨过他的腿，出去坐在土坎上望那片原野。老师奇怪地看着师傅和我，悟出了什么，忙又说：“真的，我敢打赌，这孩子保证有出息。”

“我用这把铲子打赌，就算我输了。”师傅说，大方地拿出一把刚打的铲子送给老师。为了这把白来的铲子，老师又滔滔不绝夸了我许多好话，没有的好处都被他说了。他把铲子拿回去，一路上喜欢不尽地欣赏着，第二天上数学课，他竟然也提到了那把铲子。“你们大家都好好学习，有了学问才能更好地学手艺，看人家那铲子打得……”

我把老师夸他的话告诉了他，师傅很高兴，竟然破天荒给了我两个一毛的。“没有啦，”他满意地叹着气，“都给你啦，再没有啦，真没有啦。”话毕，忽然，两个硬币泄露了秘密，从钱包里滚落到了地上，我连忙捡起来，飞快而又恭顺地放回他的小钱包里。师傅不好意思地盯着那钱，良久才说：“这两个以后再给你，都给你，你一下就花光了……”于是他把那钱慢慢收了起来。

我拿着那钱照旧跑去村长儿子开的小卖铺，买十块水果糖，马上含上一块，让它在腮上鼓起一个包，然后去玩，一遇到人，我就把那包撑大一些，嘴里滋滋有声，好让他们听见。

“丫头，又吃糖呢，好口福，给我一块呗。”他们说。

“不给！”我说。

这年的夏天，山谷里有了一件新鲜事，一个衣衫褴褛的穿着塌跟鞋的老头流浪到了山谷里，我跟在他身后周游四方，见识了许多新鲜事物，也第一次见识了死人。这事以后再说。

先说老乞丐，他有一个怪癖，经常在光天化日之下脱光了衣服抱在怀里，没人知道他为什么要这么干，别的孩子都叫他流氓老头，我却觉得他是觉得热才脱掉的，也许他有病，整天发着烧呢。

也不怎么，这个老乞丐相中了我们的打铁铺子，常一丝不挂地光临这里讨饭吃。妈推说不想看见他，送了饭就不多待，立刻就走。于是师傅很生老乞丐的气，活也不干了，一天到晚气鼓鼓地盯着他看。伙计们看在眼里，都怂恿他揍那乞丐一顿。一身肌肉的师傅会像捉小鸡一样把他扔上天的，我们都盼着看到那精彩的一幕。但是师傅就是不动手，他把自己的一身旧衣服给了乞丐，说服他穿上再来，乞丐把衣服收下了，但是第二天，我们发现他抱着衣服，身上又是光着的了。

一个火热的中午，铺子的人端着面条呼噜噜吃着，远远地，老乞丐又来了，我们故意把碗弄得叮当响来吸引他。老乞丐听见了，藏在门前一棵树后，探出半个身子，眼巴巴地盯住我们的碗，却不敢上前。

“喂，这半碗给你。”一个叫瘸腿的伙计把碗远远地一伸，一边朝师傅递了个眼色。师傅心领神会，装作要出门倒水懒洋洋地走出去，没想到老乞丐马上扭着屁股逃掉了。我们放声大笑，他可真聪明啊。师傅扔下脸盆去追赶他，他们俩一前一后摇晃着不见了踪影。

那天师傅一直把他赶出了山，但是第二天他又回来了，师傅只好再追出去，乞丐又逃掉。他们每天都不知疲倦地玩着这追逐的游戏，把我笑得腮帮子都疼了，这是我在打铁铺里笑得最多最痛快的日子，我那时小，哪里懂得我的笑声是建立在师傅的烦闷上面呢，但是师傅从未因为我笑他而发过火。

师傅撵不走他，气得够戗又无可奈何。我们再次劝他，你只要打他一顿，保证他再也不敢来了，师傅不是苦笑就是默不做声，最后大家都懒得说了。从那时起，师傅的威望在我眼里就渐渐消失了，我再也不怕他了。连个乞丐都不敢打，太懦弱了，哪像个男人呢。

那阵子老乞丐成了我唯一的话题，每天回家第一件事就是说给妈听，妈听了只是笑，那笑容不知为什么让我有点不舒服，像是冷笑，那时我对那笑容从来没来得及想，因为躺下后，我看着房上的檩子，不一会儿就睡着了。

我们跟随着脏兮兮的老乞丐，跑遍了整个山谷，遇上了一件离奇的事，我看见了一个死人。

有一天老乞丐去河里洗澡，我们也跟着，埋伏进一片草丛里，见他进了河便捡了几块石头想丢他，偶然间我一转眼，看见了河滩附近有一片人迹罕至的草丛——说出来也许没人相信：我一眼看见那片草丛，就感觉到一种特殊的古怪气氛从里面散发出来，冥冥中我觉得那个地方一定有什么特别的东西，这种感觉使我起身小心翼翼趋前细看：分开草丛，我一下子就看见了一张女人的脸，她仰躺在草丛里，很年轻，短头发，脸色青白。

我一路跑回去，一路声嘶力竭地叫喊着。所有的大人都来了，包括师傅，我靠师傅的身子温暖自己，却还是冷得止不住的哆嗦，我想我的脸一定比那个死人的脸还苍白。我想再看一眼，但是师傅用铁钳子一样的大手紧紧地卡住了我的胳膊，我只能看见一双僵直的腿从大人们的腿空中间徐徐被拖走了。后来我听说那是镇上的一个姑娘，她的死跟村长的儿子有关，我想再听大人们说两句，却被他们无情地赶开了。

从那以后那一幕我再也忘不了，经常在噩梦中被惊醒。怪不得师傅不许我看。

就在那件事过后不久，铺子里忽然多了个伙计，我叫他“剑侠”。

“剑侠”总是戴着个旧草帽遮住半张冷峻的脸，当时山里的电视正演《射雕英雄传》，我十分崇敬大侠，于是对他产生了浓厚的兴趣。他的样子跟大侠差不多，就差披一袭随风飘舞的黑色袍子和手里握着的一把寒光闪闪的剑了，但是我宁愿把他手里的锤子想象成他的剑，把他的皮围裙想象成他的披风。

“剑侠”是个心思很重的男人，大多时候都默默抽烟，很少跟别人说话，谁都不知道他从哪里来，叫什么名字，住在哪里，干完了活到哪里去。在我认识他的所有时光里，他只对我说过一句话：有一次他想出门，见我堵在门口，便用腿碰了碰我，“借光。”他冷冷地说。我忙把身子往旁挪了挪，看着他过去。

他去了小河边，在草地上躺下，头枕在两手上，闭上眼睛，云朵在他的上面慢慢地飘移着，河边一块石头，反射出的河水的光芒晃着他的脸。这一情景让人感到无比沉闷，时而有条闷得发慌的鱼跃出水面，不安地喘一口气。

吃饭的时候，他回来了，对送来的饭看也不看，蹲在外面，掏出烟来抽出一支叼在嘴上，阴沉地盯着河岸划着火柴吸着，就在这时，一些人恰巧沿着河岸走过去，他忽然间不动了，眼睛眨也不眨地盯着那群人。我想那群人里一定有某个重要的人吸引了他的目光。慢慢的，火烧到了手指头，他疼得一甩手，见我盯着他，便把火柴和烟捏成一团抛掉走了。

他走后，我随后捡起了被扔掉的那包烟，发现里面的烟一支不剩全被捏得粉碎。我把烟带回家，趴在炕上，两手垫住下巴紧盯住它琢磨着。他为什么要捏碎这盒烟呢？我研究这个微妙的事情本身，比吸一支芬芳的烟还要过瘾。最后我得出一个结论，他心里面充满着一种仇恨，他一直是靠着这种淡漠的仇恨生活着。但他为什么会是这样呢？他心里恨的那个人又是谁呢？我知道他的个性是深藏在满是窟窿的打铁衫子下面的，尽管我睁大了双眼想看清他心中的奥秘，但总是徒劳。

夜半下起了雨，听着雨声，我进入了静静的梦乡。我又梦见了那个服毒死去的年轻女人。我看见她躺在无遮无拦的墓穴里，一股股雨水从四面八方浸入墓穴，而她孤零零地躺在越来越深的积水里，面色苍白。当我俯视她的墓穴的时候，她一点点地睁开了眼睛，慢慢地坐了起来，苍白的脸冲着我微笑……我尖叫着一下子从炕上坐起来。

第二天我迫不及待把这个吓人的梦跟师傅讲了，还没等说完，突然，一边的“剑侠”一下子挺直了身子，砰地扔了锤子，一屋人被这巨响吓得目瞪口呆。

就在当天晚上，整个山谷里的人都能看见，铺子里的男人们像鬼魂附体一样全都跑到了大街上，他们个个勇得出奇，谁也不明白发生了什么。“剑侠”喝醉了，不住地号叫，好像忍受着身体里一种巨大的痛苦，他的样子让人恐惧，谁也不敢靠前。没想到，是平时懦弱的师傅最先冲了上去，他费尽了力气才制服了“剑侠”。

铺里的小伙计“瘸腿”，长到 14 岁时才注意到自己的一条腿比另一条短一点，当他站直时，左腿总是离开地面两公分，从那以后，他从不肯站直，一般都是懒洋洋地斜倚着点什么，或者坐在椅子上，把半个屁股甩在外面，他从不告诉别人，别人也不知道这点，直到我偶然发现，当做一个重大发现叫嚷了起来：

“哎呀，你的一条腿比另一条短呢！”

“啥？！”他吼，立即赤红了脸。

从那以后“瘸腿”再也不跟我说话了，我心里十分难过。我不知道该怎样挽回过错，我觉得自己成了一个罪人，那段时间这事几乎成了我的心病，我为此郁闷了好久，师傅见我这样，就去劝说“瘸腿”跟我和好，“瘸腿”不理，师傅又来劝我。两边都劝不好，他也挺愁的，只好故伎重演，拿出平时藏的糖扒了喂我，我拒绝吃，他就没辙了。晚上他思忖再三，放下活不干出去了，很久后带回了一本小人书（他为了借到这本小人书，跑了好几里山路，跟人家好说歹说才借到。那时有书的人家太少了）。

熄炉的时候，他郑重其事地掏出那本书来，宝贝得不得了，满意的叹着气在凳子上坐下来，先不给我看，手指沾点唾液翻开一页，大声读到：“艾丽斯看见 11 只天鹅在天空里飞……”下个字他不认识，是凭着感觉猜出来的，“翔，她知道，那是她的 11 个哥哥来看她了……”

我开始朝他看了，他很得意，更加宝贝着手里的书，念到：“11 个王子对艾丽斯说……唉，不对，哪是 11 个，是 10 个嘛。”

“11 个。”我忍不住插嘴了，“我看过这故事，是安徒生写的。”

“不对，这上面就画着 10 个嘛，不信你看嘛。”

我凑过去看，找出了那个画在石头后面的王子。于是我专心读起书来，忘记了所有的忧伤。

师傅的铺子是山里唯一的铺子，可是后来村长的儿子把商店开到了镇上，从食品到五金日杂，小到铁钉铁丝，大到铁门铁窗，商店里应有尽有，价格便宜，人们就再也没耐心等着师傅一锤一锤地敲打了。师傅的生意每况愈下，惨淡经营，等到我上了五年级，他再也拿不出学费来了。这使他一看到我，就像欠我似的，满脸愧疚和不安。

村长的儿子是山里的一个大人物，听说他到镇上开商店后，发了，买了一辆车，后来还把婚给离了，大家也都知道他和一个女孩子的事，过后他又抛弃了人家。

平时他收拾得体体面面的，只跟镇上的头面人物打交道，偶尔，他驾着轿车从我面前转瞬即逝，车身亮得炫目，使我看不清他的脸，车过之后，车尾卷起的灰尘像梦一样笼罩了我。在我的眼里，他像一个幽灵，是禁止我这样的贫穷人进入的，遥远而又不可思议的世界一闪而过的幽灵。

有一次妈在井边打水，村长的儿子路过井边时在我妈面前称赞了打水声。他说从远处听那链子哗啷哗啷地响，像"鹤鸣"一样好听，他是被这响声吸引过来的。我妈不好意思地笑了，好看的瓜子脸上蒙上了一层红云。此后村长的儿子经常被这声音吸引绕道来听鹤鸣声。我不知道鹤鸣会是这种声音，还会把一个大人物给吸引来，有几次我故意把链子抖得哗哗作响，然而他开车路过时连看也不看我一眼。

一天放学，我意外发现村长的儿子竟然做客我家，从那以后他就经常到我家来，还给我带来大包好吃的东西，一见我回来就非常热情地拿出给我吃，妈也满脸笑容鼓励我收下。我警惕地看着那包吃的，心想着村里人对他的传闻。我对他没什么好感，我想，如果我吃了他的东西，就得对他好，就得喜欢他，还得喜欢他来，所以我忍着要流出的口水，硬是没吃他的东西。我骄傲地把这件很有毅力的事告诉给师傅，谁知他的脸一下子白了，半天都没说出话来。

那天师傅没干活，坐在门外面一整天没进屋。

“瘸腿”把半个屁股甩在凳子外面香喷喷地吃着面条,忽然对大伙说了这么一句,

“有钱好哇。”

“什么?”我没听清。

“有钱好哇,吃香又喝辣,穿金又戴银,谁不喜欢有钱人哪,是不是?”他问师傅,师傅正想抬头,听他这么一说,立即又埋下头猛劲扒饭。他知道要是抬头会遇见我的目光。

没人说笑,空气像凝固了一样。我慌起来,感觉“瘸腿”像在说我。最近我感觉到了铺子里的气氛:师傅的话明显少了,只是带着一种幽怨的味道用力干活。

我开始用一种不同以往的敏感来审视我妈,我看到她果然和从前不同了:她爱打扮了,嘴上有了口红,脸上有了脂粉,耳朵上还戴了耳钉儿,这种变化使我感到惊异。从前我认为妈就是妈,只是给我做饭的妈,但是“瘸腿”的一句话把这个感觉打破了。我慢慢意识到,妈也是个女人,她也有自己的想法,她也爱美,大概她真的想跟有钱人结婚……

上学路上我还悲伤地想着这事,这时老乞丐从我对面的小路上一摇一晃地走来。

乞丐走起路来东摇西摆,浑身乱抖,嗓子沙哑,说不出话来,张嘴时只有一些唏唏嘘嘘的声音擦齿而过,他已经老得活不下去啦。过去我有点同情他,但是一想,如果不是他,妈妈怎么会不去铺子里,怎么会不理师傅呢?而且被村长的儿子乘虚而入呢?我怒气冲天,对他充满了无比的仇恨,当我们擦肩而过时,我狠狠推了他一下,他大吃一惊,猛地回头,两眼直盯着我,流露出深深的恐惧。我毫无同情心,重重地哼了一声走开了。

我带着愤恨问正在干活的师傅："你当初为什么不把他赶走？！"师傅看了我一会儿，没吱声，埋下头继续干活。

就在我14岁的这个潮湿的春天，山里出了一件大事。

这是个躁动不安的季节，野猫凄厉的叫声回荡在山谷里的每个夜晚，它们在屋顶上扑通扑通地跑来跑去，我不得不用棉花塞上两个耳朵才能入睡。有一天我刚把一只耳朵塞上，忽然听见了一个比野猫的叫声还凄惨的声音。差不多整个镇子的人都跑了出去。

在乱哄哄的人群里，有一个人在地上翻滚着，看不清到底发生了什么，我刚想挤进去细看，被几个大人声壮如牛的怒吼斥开了。第二天，街头巷尾议论纷纷，说村长的大儿子被人阉了，昨晚连夜被送往医院……我到处找人问是怎么回事，到处遭大人们呵斥。第二天我发现乡亲们对我家的态度全变了，只要我一走近正在谈话的人群，他们马上闭上嘴走开，我隐隐觉得这事非比寻常，一定跟我家有关。

坐在教室里，我没心情听课，不时朝外面张望。我看见门外不远处有人在套车，传来吁哦之声，一会儿，我看见了马头，村长套了车，跳上去赶上就跑，马车一会儿被几棵树挡住，一会儿出现在远方那条发白的小路上，转眼就在远方消失得无影无踪。

我听不进课，倾听着每一点风吹草动，眼巴巴地望着那片静悄悄的、空旷的、不时掠过一只乌鸦的荒野，盼望着村长从山外回来，带回一点好的消息。很多天以后，那辆马车空着回来了。听说村长留在了医院，看来事情比我想象得严重多了。

我哪知道，就在这年，我幸福的少年时光，已经随着那辆马车一去不复返了。

放学路上我被一群孩子截住，他们朝我刮着脸皮。我不敢听他们喊什么，夺路跑回家。

很多天后，我惴惴不安地去了打铁铺。我站在门口朝里张望，没敢进屋。屋里只有“瘸腿”和其他几个伙计，没见师傅。所有有作案动机的人都受到了讯问，警察也找了师傅。他们没干活，我站了半天，他们分明是看见我了，却不跟我说话，我清楚地确认，我在这里已是不受欢迎的人了。

夜幕降临时分，我慢慢从打铁铺往回走，依稀看见一个僵直的身影独坐树下，是老乞丐。那景象很孤独，非常的孤独，我站在他面前，那黄昏那暮色，心底里最深沉的忧伤泛滥成灾。我想起师傅说过的话：“他就指望着咱这口吃的呢，人总得指望点啥，要不然咋活？你说是不是？”师傅的口气也像是说自己，一瞬间，我听懂了师傅的话，使劲地点了点头。

“好孩子啊，你爸爸就是个好人，可惜死得早……”

师傅不久后就被放了出来，虽然没他的事，但他再也不想在山里住下去了，从镇上回来后，就直接收拾了东西回了老家。走之前我没能见到他。

村长儿子的伤害案很快告破，是“剑侠”干的，原来他就是那个服毒死去的女人的亲哥哥。我依稀回忆起他被警察带走的前一天的时光：那天很古怪，有一种特别柔和的光浸透了这个寂静的山谷，“剑侠”在河边坐了好久好久，一直坐到暮色深沉，最后的一丝光线依依不舍地闪烁在幽暗的河面上，隔着苍茫暮色能嗅出河水的气味。那一幕让人心情无比沉重。

“剑侠”被警察带走，师傅走了，打铁铺关门了。在随后一个月的雨季里，再没人去管它。屋子漏得不像样子，铁砧铁锤变得锈迹斑斑，炉子被雨水淋垮了，红色的铁锈混成的泥巴流出屋外，蜿蜒一路直到人来人往的路边。

听说师傅后来回来找过我，可惜我没能看见他，因为在那以后不久，我也离开了山谷，我多想看一眼师傅再走啊。

走在路上我耳边好像又听见了锤子在响，叮当，叮当，忙停下脚步侧耳细听，又什么都没有，山谷中寂静非常。

然而那锤子一直在响，在以后的许多年，它都在响，不论我是在城市还是在大学，还是每个洒满月光的夜晚，那声音就传出来，叮当、叮当……我望着那轮月亮，心里想念着我那可敬的铁匠师傅，他又在哪里敲着他的大锤了。

盲　琴

老　臣

一

那个人出现在我们视野时，最初只是一个灰色的影子。太阳在头顶照耀，四面环围的山峦没有阴影，苍黄的颜色给人干燥的感觉。没有喜鹊或者乌鸦在空中飞掠而过，村庄宁静而又空旷。我们在做古老的游戏：打瓦。失败的定子正跪在地上，任凭胜者的拳头在背上擂出太平鼓的闷响。

定子说：“假丫头，你砸狠点儿，好像挠痒痒似的没意思。”

假丫头说：“定子，是你愿意，我可狠劲儿砸了。”袖子在鼻子下抹了一把，他黑棉袄的袖子已结成油光光的硬壳儿。

太平鼓闷闷的响声加重也加快，定子“咯咯”地笑了起来，说：“假丫头，你这样才像个老爷们儿，一会儿我砸你也这样。”

假丫头慌了，停止动作，说：“别，别，定子我怕疼，我不像你铁打的一样。”

定子最爱听人说他是铁打的。定子有病，说不出来的病，只听大人们说那是绝症。可定子身体多么健壮呵，他比我们任何人的腰都粗，膀都阔，个头儿都大，拳头都硬。可定子是身患绝症的。他听了假丫头的话，又“咯咯”地笑了，说：“定子，你别让我砸了，我不砸你。”

定子说：“可我还没过瘾。”

假丫头几乎带着哭腔，说：“定子，我不砸你！”

定子不再吭声，跪着不起来，头仰着，向无遮无拦的村外望。他这一望，就发现了那个灰影儿。

“山上有个啥物？”定子说。

我们全向西面的山坡望去，果然，土黄的山坡上，泛着白光的山路上有个灰影儿，正缓缓地向山下蠕动，像一只甲虫。

“是一条毛虫。”定子说。

“是一条毛虫。”假丫头帮腔说。和定子在一起，假丫头就没有嘴了，定子说啥他说啥，好像他的嘴是定子的。

可那是一个人。我们都很清楚，分清是人是虫是很容易的。定子总是爱把一些事公开说错，等待人来附和。

“他会进村的。”定子说，这一点我们认为很对，因为四面山上的路，都只通向我们的村庄。大家放弃那种古老的游戏，在阳光下晾晒自己蜷缩在脚下的影子，呆呆地望着村口的那盘废碾砣。那个灰色的影子已在坡上消失，现在肯定正运动在沟膛里。

“他会进村的。”定子说。他打了声口哨，一匹驴驹般大的黑狗在土路上刨一溜烟窜到定子前，嗓子里发出“呼噜呼噜”的声响，绕定子的身前身后转，尾巴用劲儿扑摇着。每次村里来陌生人，定子都会把狗唤过来，看狗张牙舞爪咆哮，看人惊慌失措的狼狈样子，我们都笑得开心，都尽量把咬包米饼子嚼咸菜疙瘩的嘴巴咧得大些，再大些。这是定子发明的游戏，尽管被大人们深恶痛绝。

可是，过了好长时间，碾砣前并没有出现那灰色的影子。大黑狗已等得不耐烦了，见主人并没啥指派，几次悄悄地溜走，却都被定子一声很有威慑力的吆喝唤回来。

“他会进村的。”定子说，假丫头马上附和一句。不过声音很轻很轻。我们都有些失望。阳光照在村巷里，灰色的房屋像一些腐朽的草垛，再也散发不出新鲜的气息。哪家的猪在闹槽，哼哼叽叽的声音令人疲惫。定子已咬了几次牙。定子咬牙以后，都会让大黑狗攻击得更猛烈。我们相信今天的游戏肯定会更加精彩。

“他会进村的。”定子说。假丫头没有附和，倒是谁家的母鸡“咯答，咯答”地叫了起来，让沉静的村庄有了些生动的气息。

“回去吧。”有人说。可定子没有动，我们就没有动。日头已开始往肩膀上倾斜。起风了，村巷里刮起干燥的黄尘，我们不得不时常眯会儿眼睛。

“是一条虫……”定子说，我们听得出他自己已经动摇。大黑狗夹着尾巴，蹑着爪垫儿溜走，他没有吆喝。我们都懒懒地想扭身回到各自家低矮的泥屋时，一种声音飘入耳孔。大黑狗又“噌”地窜了回来，冲村口兴奋地吠叫。可是却没有那灰色的影子，只有青白色的老碾砣悄悄蹲伏在村口，凝然不动，像一个古老的象征。

那自村外飘来的声音却更响。先是风刮草丛一样，把人紧紧裹住，草叶磨擦，窸窸窣窣。然后是落叶飘零，呼呼啦啦。风声时紧时缓，时高时低。陡然一声树枝折断的脆响，风声消失，倒有什么鸟儿叫了起来，一声一声，清丽婉转。开始是一只鸟儿，然后是两只鸟儿，最后是一群鸟儿。鸟儿争吵一会儿，歌唱一会儿，飞翔一会儿。我们的心被那鸟儿声紧紧抓住。定子啥时已带头悄悄向村外走去，我们都跟在他的后面。大黑狗撒欢窜跃，兴冲冲跑在最前面。

走过废碾砣，我们就看见了那个灰色的影子，自然不会是啥虫儿。那影子安静地坐在土坎儿上，背对着村庄，正在专注地拉琴。我们同时看到，那是一个和我们一般高矮的男孩儿。

二

“你们来了。”拉琴的男孩儿说，好像他已等了我们好久。他的声音有点儿侉声侉气的。只见他手指在琴弦上狠劲儿一弹，闹喳喳的鸟群“轰”地一声飞散了，空中悠悠地飘下零乱的羽毛来。大黑狗嗓眼儿发出“呼噜、呼噜”的声响，但它并没有攻击，因为定子的手正搭在它毛茸茸的腰上。

琴声彻底在空中消失。拉琴的人问过话，并不回头，我们只能看到他的脊背。他穿着脏兮兮的灰衣服，头发乱糟糟的，好像刚从草窝里爬出来。他屁股上是一个同样脏兮兮的行李卷儿。阳光照在那柄怪模怪样的琴上，他一动不动。

“你怎么知道我们会来？”定子问。

“嘿，我到哪里都有人迎我进村。”男孩儿说。

“就因为你会弹几下破琴？”定子问，我们看见他的手正从狗宽厚的背上抬起。

“难道我的琴声不好听吗？”男孩儿问。

“嗯！”定子竟然点了下头，手又按在狗背上。

“还想听吗？”他神气地问，身体仍一动不动。

“你，是叫花子？”定子问。

“不，我是琴师。”男孩儿自豪地答。

“你从哪儿来？”

“从来的地方来。”

“到哪儿去？”

“到去的地方去。”

“你叫啥名？”

“名是什么，一个代号吧，我没名。”

“可我们不知道你是谁。”定子说着，手在狗光亮的皮毛上捋动着。

“我就是我。”男孩儿答。

“咋招呼你呢？”

“叫我琴师吧。”男孩儿的手动下琴身。

“琴师，我想放狗咬你！”定子口气一变，恶狠狠地说。

“放呗。不过，多凶的狗都怕我。”男孩儿大大咧咧地答。

定子的手突然在狗背上挪开。大黑狗脖子上的黑毛扎煞开，“嗷”的一声扑向那灰色的背影。我们的头皮为之一奓。

男孩儿并不动身，狗喷出的热气几乎喷到他脖颈时，只见他手在琴弦上一弹，我们猛然听见一声撕裂的巨响，震得耳根子发麻。大黑狗“嗷”地叫了一声，夹着尾巴逃了回来，冲那人“汪汪”吠叫，却再不敢攻击。

“大黑，上！”定子吆喝。可大黑往前扑几扑，又惊恐地窜回来。

“我咋说的？多凶的狗都怕我，对不？”男孩儿得意地说。

定子突然“咯咯”地笑起来，说：“琴师，你是我定子见到的最有种的人。”

“定子是什么东西？”男孩儿轻蔑地问。

定子竟然没有生气，而是笑嘻嘻地说：“定子是一个铁打的男子汉！”手在厚实的胸膛上擂了一拳。

“好吧，我该进村了。”那男孩儿说着动下身，我们面前站起一条细瘦的影子。他说：“我饿了。另外，还要有间屋。”

“住我家。”定子说。

“我从来不在谁家住。我想要间空屋。”男孩儿说。

“嗯——”定子打个沉儿，说，“空屋有，是废碾房，不过那里吊死过人，你敢住吗？”

“嘿，死人比活人还可怕吗？”那人大大咧咧反问。

定子不再答话，而是对我们说：“假丫头回家拿饼子，要新烙的；喜子去拿咸菜，我拿盆儿。”安排完了，对那细瘦男孩儿道：“琴师，你可以进村了。”

那个男孩儿缓缓扭过身来，我们看到一张丑陋的脸，全都大吃一惊。

——那个自称是琴师的灰衣男孩儿，是个瞎子。

三

定子不许我们叫灰衣男孩儿“小瞎子”，让我们叫他“琴师”。

琴师住的废碾房在村子最东头。那是座破烂的土屋，有碾盘的外间已经坍塌，但有土炕的那间却是完整的。定子指挥我们用席片把破烂的窗子堵严。烧些草末子把火炕烧热，狭窄的房间就飘散出人间烟火的气味儿。

琴师吃过定子摊派的菜饭，天就黑了下来。我们都准备离开那座小屋。假丫头却恋着不动，说："琴师，这屋真的吊死过人。"

"那又怎样？"琴师侉声侉气地反问。

"横死的人是要变成恶鬼的。"假丫头说话的声音有些打战。

"你看见过鬼吗？"琴师问。

"没有。可大人们说，有鬼。"

"人死如灯灭。我连活人都不怕，还怕死人吗？"琴师不以为然地答。不过，他扇动几下扁扁的鼻子，深陷的两只眼窝也动了几下，说："这屋里住过黄鼠狼。墙基里有两条蛇。"

我们都被他的话吓了一跳。秋天，的确有人看见有蛇在屋门前石板上晒过太阳。假丫头忙问："你咋知道的？"

琴师并不正面回答，只是说："可那蛇正在冬眠呢。"说着，又扇了几下鼻翼。

定子一直沉默不说话。大家围着琴师，他在人圈之外。他最先站起来，道："好啦，好啦，我们走吧。"我们就都随定子走出来。天暗暗的，村庄里的炊烟已经飘散，有星星的天空干净而又深远。我们默默地走着，悄悄散进各自的家门。夜里，便有了共同的话题。大人们开始还怪我们多事，可一听是定子收留的，便叹一声："这孩子呀！"算是默默认同了我们的做法。

早晨，我们被鸟鸣声从梦中唤醒。不知那是什么鸟儿，一会儿高飞，一会栖落，成群结队在村庄里飞翔。村庄里没有高树，除了栖息在各家屋檐、墙窟里的麻雀，没有别的鸟儿。我们愣怔了一会儿，马上就明白，是琴师在弹琴。于是，各自从低矮的屋檐下走出，不用召唤，就汇集到废碾房，在此之前，我们都躲那破败处老远。如今琴师一夜平安，吊死过人闹鬼的事自然就被证明是空话。

琴师已吃喝完了，是定子送来的饭食。他在土炕上端坐，琴声正是从他怀里响起，一声一声，钻出窗孔，在村庄上空鸣响。

我们都静静地盯住琴师和琴。

那把琴很小巧，紫檀色琴身布满蛇皮一样的花纹，琴头是一匹怪兽的脑袋，我们从未见过那种动物。弦是三根，被五根细长的手指弹得微微颤动。琴箱形状如一个猪尿脬，几乎是透明的。我们都不知那是什么乐器。琴师面色平和宁静，窄窄的瘦脸上，深陷的眼窝干瘪空洞。他的鼻翼不时扇动，仿佛在嗅什么异味儿。最奇怪的是他零乱长发未掩严的两片扁耳朵，竟能随鼻翼的动作而抽搐。定子坐得离他最近，盯琴师的眼睛明亮又潮润。

最后，琴师食指一弹，村庄上空的鸟儿便无影无踪。

我们全看得目瞪口呆。

“好听吗？”琴师问，我们看见他上牙有颗白色的犬齿。

“噢——”大家舒出一口气来。

假丫头跃跃欲试，探手去摸琴。琴师却用手一挡，拨开假丫头硬硬的衣袖，吆喝：“去！”那么准确，仿佛看得见一样。假丫头讪笑着，定子不满地瞪了他一眼。

琴师活动活动脖子，问我们道：“我没有白吃饭吧？我从来不白吃饭，一艺在身，走遍天下。”口气十分高傲。

“你走过好多地方吗？”假丫头又抹下鼻子，问。

“当然。”自豪地答。

“城市，你去过城市吗？”

“当然。”

“你去过城市？”假丫头小小的眼睛睁得很大。

“城市算什么。北京，我去过北京，北京可是首都啊！”琴师说。

“你去北京也是被请进村的？”

“那不是村庄，是首都。”琴师没等我们再问，他已喋喋不休地说开了，“你们走过柏油路吗？很光滑的，平展展，和跑冰一样，我在上面很快地跑，吓得汽车直叫唤。”他嘿嘿笑了几声，又道，“你们看过大海吗？看过沙漠吗？你们什么也没看过，你们真可怜。”

“住口！”定子忽然吼了起来，他的眼睛瞪得挺大。他瞪眼睛的时候就要揍人了。

“可你们的确哪里也没去过呀！”琴师轻蔑地说。

“可你去过那么多地方又咋样呢？你看得见吗？”喜子气哼哼道。

“喜子！”定子吆喝了一声，不让他再说。

“嘿嘿，你们以为看什么一定要用眼睛吗？你们错了。”琴师并不对喜子的话在意，他说，“我是用心在看。”见大家都不吭声，他又问道：“往东去，有座金代的塔，你们知道吗？”

我们知道，但我们没去过，大家便都不回答。琴师道：“我知道，但我没去过。不过，我很快会去的。”

定子的脸已变得紫涨，他突然站起身，说：“咱们走！”我们都随他出屋。定子的牙关紧紧地咬着，他一步一步走得很快。走到我们每天玩那种古老游戏的地方，他站住了，说：“我们打瓦吧。”可是谁都玩得不开心。定子总是输，让胜者狠劲儿砸他的脊背。当然，他砸别人的时候也十分凶狠，假丫头就让他砸得掉了眼泪。

突然，定子说：“我们哪儿也没去过，知道有塔，我们谁也没想过去看看。”他把瓦片丢开，望村外的远处。远处是苍黄的山峦，在灰蓝的天空下无边无沿。而东方跌宕的土色中，就立着一座塔。

这时，村东的废碾房又响起了琴声。这回不是鸟鸣，是水声，让人想起远方的巴什罕河。燥热的夏天浪花飞溅，鱼儿逆水而上，在湍流上一窜一窜，摆动红色的鳍。水清冽冽，凉沁沁，让身心燥热的人想奔跑而去，边跑边脱衣，到岸边，一个猛子扎进去……

定子说："摊派饭菜吧！"说完，又向碾房走去。

琴师说："我知道你们肯定会来的。"他充满信心，那张面对我们的丑陋面孔得意扬扬。

四

我们渐渐离不开废碾房。琴师轻视我们，但我们又离不开他。他讲的故事让我们觉得遥远却又亲切，陌生而又新鲜。他的琴声总是像水声一样淹没我们。可他绝不对我们任何人亲近，更不许任何人碰他那把古怪的三弦琴，包括定子。他同样瞧不起定子。

那天，定子终于和他翻了脸。

我们正在打瓦，又是定子在接受惩罚。他跪在土中，没好气地说："假丫头你狠劲儿砸呀，狠劲儿砸！"假丫头已经使出了最大的劲头，他简直要累哭了，说："定子，我砸不动了。"定子仍吆喝："你赢了，你就得砸我，你砸呀！"

不知啥时，琴师来了，站到我们背后说："嘿，用拳头砸有啥意思，用石头砸吧，伙计们。"阳光照在他丑陋的脸上，照出讥讽的神色。

"男子汉大丈夫，刀砍都不怕。假丫头你用石头砸吧！"定子说。假丫头简直落泪了，叫："定子！"

琴师却"嘿嘿"地乐了，耳朵一动一动地道："你算啥男子汉？大丈夫该读万卷书，行万里路，可你呢，无非是不怕挨揍。"

"你！"定子霍地站起身，眼睛火火地盯住琴师。

"咋，我说得不对吗？"侉声侉气又阴阳怪气。

"可你——"定子想说啥，但嘴动着，没有声音。

"我咋的？弹的是琴，卖的是艺，走的是路，挣的是生活。"琴师说完，一步一步向村东走去。他怀抱着琴，无须拐棍走路时却不跌跌撞撞，看他的背影，谁能相信琴师是个瞎子？

定子打了声口哨，大黑箭一样窜了过来。定子吆喝：“大黑，上！”可大黑狗望望灰衣人，冲上几步，不上了，只“汪汪”吠叫。定子上前，猛地踢了它一脚，狗“嗷”地惨叫一声，逃走了。定子冲那灰色细瘦的男孩儿喊：“我会做件大事给你看的！”琴师并不回答，只在干燥的土地上走自己的路。

定子又去望村外绵延跌宕的苍黄色山峦，好久，才说：“我们是白长一双眼睛了。”我们头一次看见他如此沮丧。

五

定子说：“我们去看塔吧！”于是定子领着假丫头、喜子和我组成了一支小小的队伍。

走出破旧的村庄时，日头还没有出山，天地间一片朦朦胧胧。琴师是从西方来的，我们迎着太阳升起的方向走，一定要走到琴师的前面去。本以为行踪保密，谁知，我们走到河洼处时，一个灰色的人已经站在面前的路上。是琴师。

“你们别去了。”琴师说。

“躲开！”定子冷冷地说。

琴师窄瘦的脸面向天空，说：“天要下雪啦。”

我们望望天空，见东方正泛出一片红色，没有云彩。定子冷冷地道：“下雪也挡不住我们。”

琴师说：“咱们结伴吧。”

“我们不想拖块坠脚石。”定子说。

琴师扇扇鼻孔,无奈地一笑,身体从窄窄的土道上挪开。擦过他身边时,定子说:“你的吃喝我已给你摊派好了,你等着我们回来听我们讲塔吧。”他大步前去,头也不回。我们都不回头,都不看琴师。

忽然,大黑狗追了上来。定子捡起石头,向它砸去。自从那次和琴师吵嘴,定子再不要大黑狗左右相随了。狗犹豫了好一阵儿,才蹲坐在土路上,呆望我们远去。

我们走在山地间,翻过一座又一座普通得面孔几乎一样的土色山峦。日头升起来。我们的身影由长变短,又由短变长。当那座传说中很著名的塔在我们视野里出现的时候,日头正沉向远处跌宕的山峦。

塔是灰色的建筑,在一座很平常的土丘上崛起,十分醒目。我们登上脚下这座高冈,那塔就伫立在对面的坡上。十几只乌鸦在噪噪地叫,一匝两匝,绕塔飞。终于看见塔了,我们却一点儿也不激动。

“那就是塔。”定子说。

“塔就是这个样子。”假丫头说。

“可我们看见了塔。”定子说。

我们在山冈上坐下,并没有走过去的愿望,就隔着并不陡峭的沟谷望塔。直到红日沉落,夜幕降临,我们谁也不想挪动。

“这就是看塔。”定子说,“琴师就是这么走着,走来走去。可他啥也看不见。”他停了停,又说:“我真佩服他了!”我们不知道定子咋说出这样的话来。

“啊——”假丫头叫了起来。我们抬头,看见身后的天空阴云密布。起风了,光秃秃的山地飘荡着呛人的土腥味儿。我们全站了起来,呆望乌云淹没星光,染黑天空。

“琴师说,天要下雪……”定子喃喃地说。

“他知道天要下雪,”假丫头说,“他耳朵会动,他不是人。”

定子没吱声，已迈开步子，往家的方向走了。我们跟着他，谁也不想回头再看看那吸引我们遥遥奔来的灰塔。事实上，那塔已经看不见了，灰色的身躯已完全淹没进幽幽的黑暗里。

乌云加快了夜晚来临的速度，天地间很快就混沌一片，黑色浓稠。隐隐的，有冰凉的片片碰脸，落雪了，伸出舌尖，能舔到雪的腥甜味儿。这个冬天干燥无比，迟来的雪让山地间弥漫着湿润的气息。

我们很快就认识到了处境的危险。路本来就浅浅地隐在草丛里，蜿蜒曲折。很快，雪就把隐隐约约的路径淹没得和生硬土地一样平常。当我们又翻过一座山包的时候，再也不知该选择哪个方向。

假丫头最先打破了沉默，叫："定子！"

定子在黑暗中和我们一样沉默，冬天的寒冷以风雪的方式袭击我们。我们都等着定子说话。

"我佩服琴师，他可是总和我们现在一样。"定子却说了句不着边际的话。

"咋走啊，定子！"假丫头哭咧咧说。

定子喃喃地说："假丫头，你们真应该狠狠砸我！"

雪打在脸上，可我们麻木的皮肉已感觉不到冬天的滋味儿。我们迷路了，迷失在苍茫无边的寒冷的冬夜……

六

后来我们终于回到了村庄，是一只鸟儿给我们引的路。

那鸟儿在夜空中乍然"咕咕"叫了一声，那样熟悉，又那样亲切。我们同时明白，那是琴师的琴声，忙冲着黑暗喊："琴师，琴师！"没有回声，只有鸟儿的叫声在不远不近的地方响起。

“走吧！”定子说。

鸟儿声在运动。我们跟随着鸟儿声，在雪地上一跌一滑地走。鸟儿声总和我们保持距离，亲切，却又遥不可及。

假丫头说：“他一直跟着我们。”

喜子说：“他咋识路呢，他没有白天。”可没有白天的人，当然就没有黑天。

“他鼻子会动，耳朵也会动，他不是人。”假丫头说。

“住口！”定子低沉地吆喝。

鸟儿声在前面。我们在新鲜的雪地上印下疲惫的脚印，循了鸟儿声，爬坡，下岭。雪地幽幽泛白，却寻不见琴师的印迹。可他明明就在我们前面，咋会不留下印迹呢？鸟儿声时而激越，时而清丽，时而低沉，时而婉转，像路一样或者起伏，或者曲折，或者平展，或者坎坷。对我们来说，那鸟儿声更相当于暗夜里的火把，引我们寻找归途。

当鸟儿声陡然消失的时候，我们发现，面前就是熟稔的村庄。定子领我们直奔废碾房，可里面空空荡荡，并没有琴师的影子。

天明的时候，远山远地一片明晃晃的白。天晴了。我们走出村巷，雪淹没脚背，嘎吱嘎吱响。雪地却平平展展，我们找不到自己进村时的脚印，更没有琴师的脚印。风雪把一切都淹没了，就像什么也没有发生一样。

琴师自此在村庄里消失。很长时间以后，我们甚至怀疑，是不是真有一个自称琴师的男孩来过我们的村庄。

那个冬天以后的日子很冷，我们不再玩那种古老的游戏。每天，大家守在村巷里，呆望四面环围的雪山，耐心地聆听雪在阳光下吱儿吱儿消融的声音，直到山地又露出本来的面目。

春天，定子死了，死在青草发芽的时候。他死的时候十分平静，只是反反复复地说："塔，我看过塔，我看过塔。"看塔的经历成为他生命中唯一的一次远征。

后来，我和假丫头他们一同去邻村读书啦，崭新的学校是好心人捐钱建的。我们几乎比同班那些鼻涕娃高半截儿，他们该叫我们叔叔。但我们不害羞，因为无知比什么都让我们羞愧过。

上学下学，总要经过定子的坟包。

他的坟包像遍地土丘一样平常。

花裙子　花裙子

周莲珊

一晃儿，夏天悄悄地向我们走来了！

天湛蓝湛蓝的，飘着一团团的云，像一群群在辽阔草原上吃草的绵羊。云彩把它们的身影儿投在宽阔的操场上，为一群花儿般的女生们送来一丝凉爽和痛快。

唐悄悄不停地在操场上奔跑，把脚下的足球传给球场上的伙伴们。她们这场比赛没有什么悬念，因为她们面对的是低年级的小学妹。

唐悄悄呼喊着，把一个个潇洒的足球，射进对方的大门……

当结束这场球赛的时候，唐悄悄和她的队友们已经汗流浃背了，可是她们没有忘记去和低年级的同学象征性的握握手。

说说笑笑的女生们,三三两两地来到学校的淋浴间,换了衣服,痛痛快快地洗了一个澡。

当唐悄悄再一次想把脱下去的贴身内衣搭扣儿扣上去的时候,自己却怎么也扣不上去了。

“梅莎,你过来一下……帮帮忙……”

梅莎跑过来,头上的长头发还滴着水。

“悄悄,该穿上你去年没穿的那件花裙子了吧?”

“谢谢你对我的提醒。你不说,我真的把那件花裙子忘了……”

唐悄悄怎么能忘呢?那件花裙子可是她既喜欢又难忘的花裙子啊!

那是去年夏天的事了:大菠萝小学要举办一年一度的艺术节。这可是同学们的节日啊,一说起艺术节,同学们都特别兴奋,因为,只有在这个节日里,他们才可以全身心的彻底放松:没有了老师的批评,没有了妈妈的叮嘱,没有了永远也做不完的作业,也没有了无穷无尽的烦恼……

唐悄悄为了迎接艺术节这个节日,特意和妈妈坐车到了服装城,买了天蓝色的底色点缀着些许小碎花儿的布料。又找了有多年缝纫经验的老师傅,量了尺码,做了一身得体又好看的花裙子。

那几天,唐悄悄特别高兴!她一边往身上试穿着花裙子,一边手舞足蹈围着妈妈转圈圈。

“悄悄啊,你疯了是咋的?”

悄悄只是笑着和妈妈做鬼脸……

可是,花裙子做完以后,唐悄悄却没有来得及穿,就因为在六年级(3)班的体育课上,为了搭救将要从双杠上掉下来的同学,她自己重重地摔了下去……

拖着不敢动弹的腿到医院一检查，医院 X 光检查报告：小腿骨折！

这一意外的受伤，使唐悄悄已经没有机会去参加学校一年一度的艺术节了！因为，艺术节唐悄悄的保留节目是健身拉丁舞和女生们的街舞表演。

唐悄悄也就与妈妈精心为她准备的花裙子无缘了，艺术节那天，悄悄也只好成了忠实的看客和忠实的观众。

周末，老师组织同学到海边去旅游。唐悄悄又想穿上去年妈妈为她做的那件花裙子。

可是，悄悄怎么也穿不上那件去年还十分合体的花裙子。悄悄气得当着妈妈的面哭起来。

“哭什么，你不是长大了吗？”

悄悄来到家里的穿衣镜前一看，可不是，个儿也长高了，胸也变俏了……原来，悄悄的身体发育得很快，忙活了半天才在妈妈的帮助下，勉强穿上那件她喜欢的花裙子。

同学们看唐悄悄穿上那件十分不得体的花裙子，仿佛是在看一个穿着花裙子的怪物。这时候，唐悄悄平时最要好的男同学鲍晓走过来，轻轻拍了拍悄悄的肩，说：

“没什么的，只不过是比去年胖了点。其实，只要你肯吃苦，下定决心，是可以减肥的……”

说者无心，听者有意。

唐悄悄回到家，三更半夜起来开始做减肥操。

爸爸半睡半醒，骨碌一下爬起来：

“悄悄这段时间，没什么病吧？”

妈妈瞪了爸爸一眼：

“我看你才有病呢……”

吃饭的时候，唐悄悄往日最愿意吃的红烧肉，眼看着流口水，往肚子里咽，也不吃一口了。顿顿只吃点青菜和咸菜，饭也只吃八分饱……

整整一个月，唐悄悄坚持了下来。为期一个月的减肥计划，人是瘦了下来，可是，她却因为强制减肥，变成了营养不良！

终于有一天，唐悄悄对妈妈说：

“妈妈，我再也受不了了……”

那些日子班里发动向家庭困难的同学献爱心活动，老师号召同学们向困难同学捐款捐物。

唐悄悄真想把妈妈给她做的那件花裙子捐给那个家庭困难的同学。可是，她转念一想：她最需要的不是花裙子而是钱！因为她妈妈正在医院……

悄悄匆匆跑回家，把平时积攒的零花钱，拿到学校来，捐给了那位急需要帮助的同学。跑出了一身的汗，可悄悄感觉浑身上下舒服极了！

接下来，悄悄实施了饥饿减肥计划，她开始不吃或者是少吃，妈妈看了，以为她有什么病了。

妈妈把悄悄领到医院，对医生说：

“你看我这孩子，不会有什么病吧？”

“没事啊，看上去挺精神的一个小姑娘吗……”

妈妈真的拿悄悄没有什么好办法了！

时间一天天过去，悄悄再也经受不住美食佳肴的诱惑。

历尽千辛万苦，唐悄悄的身体不但没有减肥，反而，比以前胖了许多！

一天，唐悄悄从当地的晚报上看到一个得了白血病的女孩儿需要帮助……

“我一定要为那个患白血病的女孩儿做点什么……我能为她做点什么呢？”

唐悄悄躺在床上，翻来覆去睡不着。床头上打开的电视，不知疲倦的在播送着那些烦人的广告。广告过后，突然传来电视台播音员那清脆甜美的女中音：

“为了挽救患白血病的女孩儿，明天本市的家家乐超市举办一年一度的女生吃巧克力大赛！这次大赛奖金高达500元，参赛选手获奖收入将全部捐献给患白血病的女孩儿……”

唐悄悄听到这儿，腾地坐起来。

“我为了那个患白血病的女孩儿，一定要参加明天的吃巧克力大赛！”

第二天，唐悄悄早早地来到了家家乐超市吃巧克力比赛现场。

尽管唐悄悄知道这是超市为了促销，搞一年一度的吃巧克力大奖赛，她还是决定去参加。悄悄心里明白：贪吃巧克力是可以让人发胖的呀！可她要把这笔不菲的奖金拿下来，去帮助因为患白血病不能上学的女孩儿……唐悄悄什么也顾不上了！

吃巧克力比赛现场一片狼藉：那些平时看上去时尚漂亮的女孩儿，这个时候，什么都顾不上了，无论头上，还是手上，到处是巧克力，到处是巧克力草莓的清香……

唐悄悄在众多的参赛选手中，脱颖而出。当然，她也会付出十分惨痛的代价：真不知道，那些巧克力会把悄悄的身体增肥多少？要知道，那可是大大的几盒巧克力啊……

不管怎样，唐悄悄如愿以偿，拿到了500元奖金！

唐悄悄亲手把吃巧克力大赛所获得的500元奖金，全部捐献给那个最需要钱的女孩儿……

当又一个周末到来的时候，和唐悄悄常来常往的男同学鲍晓，被电视上的唐悄悄舍己为人的举动感动得热泪盈眶。他约唐悄悄来到海边儿游泳，悄悄穿着泳衣坐在礁石上，看到被海风吹拂着的唐悄悄的背影，鲍晓对唐悄悄说：

“其实，胖胖的唐悄悄在夏天里是很美丽的……当然，如果再穿上那件一直未穿的花裙子……”

在那个夏天里的最后一个星期天，唐悄悄真的穿上了花裙子。

唐悄悄穿上夏天的花裙子真的很美丽！尽管她胖胖的正在发育的身材，时刻都在向外面突围。

没多久，大菠萝小学开始流行花裙子。亭亭玉立的女生们穿上花裙子，成为大菠萝小学的一道亮丽的风景。

管玉的财富

刘　东

说起来，管玉现在已经是城市里一个不大不小的名人了，许多人都熟悉她的声音和她讲的故事。尤其是那些喜欢一边开车一边听广播的司机，对管玉主持的“人人有故事”栏目更是耳熟能详。不过，很少有人知道，其实管玉自己也是一个有故事的人。现在，我就来给大家说一说她的故事。

一

管玉抱着父亲的骨灰盒，直直地站在长途汽车站的站台上。那一年，管玉 14 岁，可长得却像是十一二岁，瘦瘦小小的，梳着两根小辫子，辫子也是黄黄的，细细的，但却硬邦邦、毛茸茸，一副很倔犟的样子。

二姑站在管玉的身后，细声地劝她："玉呀，咱还是把你爸包起来吧，不然，什么时候才能回到家呀？"因为见管玉怀里抱着一个骨灰盒，司机和乘客嫌恶心，不准二姑和管玉上车，她们已经错过五辆车了。

管玉一梗细细的脖子："我不！"管玉的手心里已经出了许多汗。她蹲下身子，把骨灰盒放在膝盖上，把两只手掌轮流在衣服上擦了擦。

二姑叹了口气："你这孩子，怎么这么倔呢？你只要把骨灰盒放进姑的尼龙袋里，用手拎着，不就行了？你哥还在家等着我给他煎药呢！"二姑家的奎哥得了重病，已经在床上躺了一年多了。

管玉有些犹豫了，低头看看怀里的骨灰盒。这时候，有车进站了。二姑拉她上车，她却没有动。等汽车重新启动准备离站的时候，管玉突然迎着汽车冲过去，然后一动不动地站在车前。

司机摁了几声喇叭，管玉依然不动。司机跳下车："小姑娘，你干什么？"

管玉说："我要上车！我要回家！"

司机笑了："你站在这儿可没法上车呀！"他低头看见了管玉怀里的骨灰盒，脸色一变，"这个……"

管玉说:“这是我爸!”

司机说:“你不能带着这东西上车!”说完了,转身上车,关上车门,然后开始倒车。等管玉发现司机是为了绕开她,把车开走的时候,就追过去,重新堵在车前面。司机火了,跳下车:“你让开,不然我揍你!”

管玉低着头,好像没看见那司机高扬起来的巴掌,也没听见司机恼怒的声音,“这是我爸。我爸是好人!我爸是好人!”管玉像是在自言自语。

司机的巴掌高高地举着,却始终无法下落。正在进退两难的时候,二姑走过来。司机像是抓住了救命稻草:“你是她妈?你赶快把她拉开!”

二姑叹口气:“这孩子太倔了,要是她肯听我的话,我们早就回家了,咋会耗在这儿呢?”

司机放下手:“到底是怎么回事?”

二姑的眼泪流了出来:“这孩子命苦,妈妈是哑巴,家里全靠她爸在外面打工。可她爸又出了事儿。为了打官司,尸首整整停了一年才火化……”

司机的神情有些黯然,叹口气说:“可是,她抱着个骨灰盒上车,就算我不嫌,别的乘客也不愿意呀。”

司机和二姑一起走到管玉身边。

二姑说:“玉呀,咱们还是先让开吧……”

管玉依然低着头:“我爸是好人!”

二姑说:“我知道。你爸是好人,这位师傅也是好人,你别太为难他了。”

管玉抬头看了看司机,犹豫了一下,然后低下头,走开了。

汽车离站的时候,管玉突然放声大哭起来,哭得两个瘦小的肩膀抖个不停，后来不得不蹲下来，才能抱住骨灰盒。

离站的汽车在不远处停了下来。过了一会儿，车门开了，司机从车上跳下来，走回到站台，对管玉和二姑说：“你们跟我上车吧！”

上了车，司机让二姑坐在车后面，让管玉坐在驾驶座旁边的座位上，然后他面对着乘客们惊愕的眼神，说：“这小姑娘抱着的，是她爸爸的骨灰盒。如果有人不愿意坐这辆车，可以下车，等下一辆。车票钱我可以退还，但我不会改变主意，不会让这个小姑娘下车。”

片刻的骚动之后，有几个人下了车。

管玉和二姑要坐到终点站。那天，那位司机从终点站又把她们送出了一段路，直到汽车无法通行为止。下车的时候，司机对二姑说：“你们的车钱就免了。早点回家吧。”

二姑千恩万谢，管玉却突然说：“我有钱！”管玉从贴身的口袋里拿出一张存折。司机笑了：“我知道。”可管玉的手固执地擎在他面前。司机只好接过来，打开看了看：“嗬，一万块呢，这么多！”

二姑有些紧张：“这是，这是他爸的赔偿金。”

司机愣了一下，然后说：“我知道。我知道。”他把存折还给管玉：“小姑娘，好好拿着这些钱，这是你爸留给你的钱。”

走到管玉家门口的时候，二姑问管玉：“你要把存折交给你妈吗？”

管玉摇摇头：“我不。”

二姑松了口气：“那是你爸留给你的钱，你要看好了，谁也别给！想取钱的时候，告诉二姑！”

咖啡厅里的音乐有种淡淡的哀伤的味道，好像在配合我们的话题。我问管玉:“你为什么不肯把骨灰盒放在袋子里,非要抱着呢？难道是为了怄气吗？”

管玉摇摇头说:“我不想跟任何人怄气。我只是不想让我爸再黑黢(qū)黢的一个人待着。他已经在殡仪馆的冰柜里孤零零冷冰冰地躺了一年了。”

我问她:“当时你为什么要把那张存折拿给那个司机看呢？”

管玉说:“不为什么,我只是不想白坐人家的车,而且我想,我爸肯定也不愿意！”

我有些奇怪,问她:“可你也只是给人家看了看,又没给人家票钱,这有什么区别吗？”

管玉说:“有啊。如果他给我们免票,是因为可怜我们,那我给他看存折,就是告诉他,我们有钱,不用他可怜！”

我不禁笑了:“这里面的逻辑好像有些混乱。”

管玉也笑了,说:“是呀,可当时的感情和想法都很清晰。”

我说:“一种很清晰的孩子的感情和想法。”

管玉说:“没错。”

二

一年之后,管玉的妈妈准备再嫁的时候,向管玉要那张存折,管玉不给,结果母女俩大吵了一场。

管玉从小就跟爸爸亲,跟妈妈的感情却不太好。从懂事的时候起,管玉就觉得妈妈太懒太自私,什么事情都推给爸爸做,自己整天躲在家里,不是看电视,就是听广播,要不就是跟左邻右舍的老太太们打纸牌,总是做出一副弱不禁风的样子。其实她只不过是因为小时候打针导致的聋哑而已。有一次，她玩得高兴，连晚饭都忘了给爸爸做。在外面劳累了一天的爸爸回来，面对的却是冷锅凉灶，还得生火做饭给妈妈和管玉吃。随着年龄的增长，管玉越来越为爸爸抱不平，爸爸是健全人，又读过不少书，性格又好，为什么要娶一个像妈妈这样的老婆？而且还要这么容忍她？就因为妈妈长得很漂亮？管玉曾经问过爸爸，爸爸没有回答她，只是用手抚摩着她的头，说："没什么，爸爸不是还有你吗？"

管玉与妈妈的感情彻底破裂，是在爸爸出事之后。除了在爸爸出事当天，妈妈和管玉一起赶到医院的停尸间看过爸爸一次之外，在其后漫长的一年时间里，在管玉的奶奶和姑姑们为了替爸爸讨个说法而四处奔忙的时候，妈妈再没有去看过爸爸一眼。妈妈的理由是："我不能再去了，再去看他，我就活不成了！"管玉觉得，那不过是托词，真实的理由，是因为妈妈并不爱爸爸，她从来都只爱她自己。爸爸下葬之后不到一年，妈妈就要改嫁，这更让管玉相信：妈妈是一个无情无义，自私冷漠，甚至是不知羞耻的女人。

大概是再婚之前一周左右的一天晚上，妈妈跟管玉提起了那张存折。管玉把爸爸的骨灰带回家的当天晚上，妈妈曾经问起过赔偿金的事情，被管玉冷着脸挡了回去。此后妈妈再没有提起过，大概是觉得没有资格和颜面吧！

妈妈的表情小心翼翼的，更让管玉觉得她心虚、理亏。一开始，管玉冷着脸，假装看不懂她的手势。后来妈妈找来纸和笔写了下来。管玉冷眼看了一下，然后一字一板地说："那是我爸的钱！"

管玉说的慢的时候，妈妈勉强可以"读"懂她的话。爸爸死后，母女俩很少交流。主要是管玉不愿意答理妈妈。母女俩偶尔有对话，往往是妈妈写，管玉说。这样的对话形式让管玉有种理直气壮甚至是居高临下的感觉。

妈妈写道:你爸的钱也有我一份呀!

管玉说:“凭什么?”

妈妈有些急了:你这孩子,我是你爸的老婆呀!

管玉说:“可你现在已经不是了!”

妈妈一时无语。后来妈妈写道:你这孩子,心肠怎么这么硬呢?

不想,这一句话说到了管玉的伤心处,管玉的声音一下子高起来:“你凭什么说我?你有什么资格?爸爸活着的时候,你给过他什么?爸爸死了,你又管过他什么?!你现在要嫁给别人了,我无所谓!但是你想要爸爸的钱,没有门!那些钱是爸爸的命换来的!你没有资格!”

管玉的话说得很快,像出膛的子弹。妈妈一下子没有看明白,但从管玉的脸色也知道,那一定是些很厉害的话。妈妈有些惶然地垂下眼睛,用手抚着胸口,似乎已经被管玉的子弹击中了要害,没有勇气再把谈话进行下去啦!可管玉却真的像是一架被扣动了扳机的机枪,直想把一腔的怒火都发射出去。她一把夺过妈妈手中的笔,一口气把刚才的话一字不漏地写在纸上,然后摔到妈妈面前。妈妈看了纸条,张大嘴,却发不出声音来。

那天晚上吵完架之后,妈妈的表情一直有些痴痴的。后来在那个要娶她的男人来过之后,妈妈的表情更僵硬了,像一个没有魂魄的泥人儿。管玉的心有些软了,她想:也许她应该把那些钱,至少是那些钱的一部分给妈妈?

管玉揣着那张存折去了二姑家。二姑听了管玉的话,一把拉住管玉:“玉呀!你可千万别心软!她虽然是你的亲妈,可她马上就要改嫁了,以后还顾得了你吗?她说过要带你一起嫁过去吗?”

管玉说:“她想都别想!我才不会叫那个人爸爸!我只有一个

爸爸！”

二姑说：“你妈突然想起要那些钱，肯定是那个男的给她出的主意。那笔钱真到了你妈的手里，她也花不着。那个男的有两个孩子，都在念书，肯定都得搭在他们身上。”

管玉揣着存折，也揣着一份硬邦邦的决心回到家里。可没想到，她回家看到的，却是把自己吊在了半空中的妈妈。

因为发现得及时，妈妈捡回了一条命。妈妈清醒过来之后，管玉守在床前，母女俩竟然相对无言。管玉的心疼得像针扎一样。她想，她把妈妈伤得太重了。亲生女儿那样对待自己，妈妈还怎么活得下去呢？

这时候，那个男人来了。妈妈看了看管玉，管玉假装不明白，虎着脸不肯出去。没办法，那个男人只好也假装管玉不在跟前。那个男人面对着妈妈，说话很慢很轻。说得很慢是为了让妈妈能看懂，说得很轻是不想让管玉听见。但管玉还是连听带猜地知道了事情的大概。原来妈妈寻短见并不是因为管玉，而是因为那个男人出于某种原因，突然改变了主意要毁婚。管玉腾地站起身，头也不回地走出了屋子。

当天晚上，管玉拿出那张存折，当着妈妈的面，把它一剪两半。一半扔给了妈妈，一半揣回自己身上。

第二天一大早，妈妈就被那个男人接走了。妈妈走后，管玉在妈妈的屋子里发现了那半张存折，还有一张纸条。妈妈在纸条上写着：这是妈妈留给你的。

管玉说起妈妈的时候，表情很复杂。我知道，与妈妈的感情纠葛对她来说，可能是一个一辈子都解不开又剪不断的心结。我安慰她说：“我知道你现在一定有些后悔当初那样对你妈妈，但是你那时候……”

管玉摇摇头打断我：“你不知道。我妈妈前几年，也就是在我18岁的时候，就去世了。”

我有些惊诧：“怎么会？她，她还很年轻呀！”

管玉说：“她患有很严重的先天性心脏病。”

我问：“那，你爸爸知道吗？”

管玉摇摇头：“不知道。可能连我妈自己也不知道，她只会觉得不舒服，但又说不清楚究竟如何不舒服。家里也没有条件给她检查。后来我咨询过医生，患这种病的病人心里还常常会有一种莫名的恐惧感。医生还说，我妈能平安地生下我，是很侥幸的。从怀孕开始，我随时都可能要了我妈的命。”

我顿了一下，然后小心翼翼地问管玉：“你妈妈去世之前，你去看过她吗？”

管玉摇摇头，“没有。她改嫁之后，曾经托人捎信让我回去，但我一次也没有去看过她。她死得很突然，我赶回去，已经来不及了。”两行泪水顺着管玉的脸颊滚落下来。管玉深深地吸了口气，又重重地吐出来，然后说：“我回去之后，那个男人给了我一个厚厚的信封，说是我妈留给我的。那里面全是以前我爸和她说话时写的纸条。”

我问：“都写了些什么？”

管玉说：“没有什么特别的，不过是些生活琐事。但那些纸条告诉我，我爸很爱我妈。而我妈也给过我爸许多的快乐和幸福。”

我拿起一张面巾纸递给管玉，却不知道该如何安慰她。后来我说：“你那时还小，还是个孩子。”

管玉擦了擦眼睛，说：“是啊。可是孩子做的蠢事也许可以原谅，但却一样无法挽回。”

三

中考的时候，管玉考了500分。虽然在许多人看来，事实上生活得像孤儿一样的管玉（二姑一直想让管玉住到她家去，但管玉很少去）能考出这样的成绩已经很不错了，但管玉自己却很不满意，因为以这样的成绩，她是没有办法到市里去读师范学校的。可她不甘心，自己拿着成绩单跑到市里面，找到一所电子中专，凭着一股牛也拉不回的倔犟劲，硬是软磨硬泡地说服学校先接收了她，之后再补上每年3200元的学杂费。

从入学的第一天起，管玉就开始在学校里帮老师当助教，帮着学校食堂摘菜做饭，打扫宿舍、教室，甚至帮着管后勤的老师维修桌椅，几乎所有在校的课余时间都用来做各种各样有偿或者无偿的工作了。她还参加了学校组织的所有勤工俭学活动，三年间，她先后做过推销员、外卖员、售货员、促销小姐、送奶工、送报工等十几种工作，没有要过学校一分钱的补贴或者是减免照顾。

三年之后，管玉从电子中专顺利毕业了。可是管玉没有想到，毕业之后的日子反而过得更加艰难了。以她的学历和状况，很难找到一个满意而又比较稳定的工作，她依然像上学时一样，经常为了找工作而东奔西走。虽然与在校时相比，有了充足的可以完全由自己支配的时间，但另一方面，她也无法享受学校的廉价宿舍和食堂了。从学校走向社会，只租房一项开销就成为她一个沉重的负担。严峻的现实让管玉很快就下定决心，要继续读书。

但像管玉这样一个无依无靠的女孩子想要靠读书改变严峻的现实，首先就得面对更为严峻的现实。现在，她不但要努力挣钱养活自己，还要多挣出一份学费来，还要尽量找一份可以保证学习时间的工作，可这一切都谈何容易！那一年多的时间，管玉完全靠打短工维持生活，日子过得异常艰难而且支离破碎，唯一完整的，只有她参加函授学习的成绩单。她以全优的成绩完成了函授大专三年全部课程的一半。

一年之后，经人介绍，管玉来到一所幼儿园工作，一开始是做卫生保洁兼打杂，后来园长老师了解了她的情况，就让她当了美术和体育老师。那段日子是管玉最快乐最幸福的时光，每天固定时间上下班，穿着整洁的工作服，和活泼可爱的孩子一起做游戏。幼儿园里的同事们对她都非常好，幼儿园里甚至还有宿舍、食堂。每天下班以后，她都有充足的学习时间和在她看来非常舒适的学习环境。仅仅用了不到一年时间，管玉就完成了大专剩余的所有学业，并且开始了本科学习。但是谁能想到，恰在此时，一场劫难降临在她头上。

那天下午，孩子们进行完室外活动，去卫生间。往常男孩们上卫生间，管玉都在门外面看着他们。那一次，一个叫皮皮的调皮的男生把门关上了，管玉在外面敲门，叫他把门打开，皮皮在里面说："老师是女生，看男生尿尿，没羞！"

管玉被他逗笑了，就没有再去敲门。可没想到，就在这点时间里，却出了意外。皮皮在卫生间里和另外几个小男孩相互推搡打闹，不知道被谁一下子推倒了，脸碰到了一根铁管子上，划破了，鲜血直流！管玉和幼儿园的老师把皮皮送到医院，缝了两针。尽管医生说，伤好了，不会留下疤痕，但皮皮的家长不依不饶，以皮皮将来会破相，需要整容为由，开口向幼儿园要一万元的赔偿金。

尽管园长和同事们从来没有责怪过管玉，也从来没有让她来出这笔赔偿金，但那段日子里，管玉的心头就像是压上了一块大石头。尽管她的双肩羸弱,但她不想推卸责任。那不是她的性格!

与皮皮家长的谈判进行了两次都不欢而散。第三次,皮皮的家长竟然带着皮皮一起去了,好像是答应了皮皮,要带他去儿童乐园玩。很显然,皮皮的家长对这次谈判也并没有多少诚意。可没想到的是,皮皮见了管玉,竟然亲热得不得了,拉着管玉的手,老师长老师短,对他妈妈严厉的眼神视而不见。管玉揩去皮皮小脸上已经渐渐淡去的伤痕,眼泪不禁流了出来。

谈判依然进行得举步维艰。皮皮的妈妈一口咬定,一万元的赔偿金少一分也不行。双方相持不下的时候,一直在一旁拉着管玉玩手指游戏的皮皮忽然冒出一句:"妈妈,干吗跟老师要那么多钱?医生不是说了,我的脸没事吗?"

皮皮的妈妈说:"你懂什么?万一要是有事呢?你破了相,将来连媳妇都娶不到!"

皮皮忽然笑了:"我才不怕呢!我将来娶管老师当媳妇!"

在场的人都愣了一下,然后都笑起来。皮皮的妈妈也绷不住了,笑着拍了皮皮一巴掌:"就知道胡说八道!"

皮皮却一本正经:"我没胡说八道!我喜欢管老师!管老师也喜欢我!男生和女生,只有互相喜欢才能结婚,不是吗?"

那天的谈判依然没有任何进展,但皮皮妈妈的态度似乎已经有所松动和缓和了。正当园长要与皮皮妈妈约定下一次谈判的时间和地点时,管玉从口袋里掏出了一张存折,递给了皮皮妈妈,说:"这是一万块钱,是我赔偿给皮皮的。"

皮皮妈妈愣住了,园长也愣住了。园长想拦住管玉:"管玉,你不能这么做!"刚进幼儿园工作的时候,因为要交2000元保证金,管玉拿不出那么多现金,曾经把存折交给过园长,所以园长知道那张存折的来历和故事。

管玉说："园长，这事情我该负责任的，我不想再劳累您，再拖累幼儿园了！"管玉转脸对皮皮妈妈说："我真心诚意地向您道歉，是我的过错让皮皮受苦了。对不起！我只有一个要求，再有11天，这张存折就存满7年了。存折可以先放在您那，11天之后，我会跟您一起去把钱取出来。"

皮皮妈妈摸了摸那张存折："这，这怎么……"

管玉说："噢，那是被我剪断的，用透明胶布粘着的。我二姑替我去银行问过了，没有问题，一样可以使用的。"

3天之后，皮皮妈妈把那张存折还给了管玉。她说："我不想要你的这些钱了。园长跟我说了你的事情。说心里话，我一直想让自己相信，你的那些事情都与我无关，可不知为什么，就算我能让自己相信，也没办法让自己安心。对我来说，因为一万块钱让自己心里疙疙瘩瘩的不舒服，得不偿失。"

皮皮妈妈找到园长，要求让皮皮重新回到幼儿园，园长答应了。第二天，管玉向园长提出了辞职，园长也答应了。

从那以后，管玉边工作边学习，花3年时间完成了本科学习，取得了新闻学学士学位。一个偶然的机会里，她到电台帮忙，做临时的文字编辑，后来一步步从后台走到前台，成了一位在电台里给大家讲故事的主持人。

我小心地翻看着手中那张已经被磨损得十分严重的存折，问管玉："你经历过那么多的困难、挫折甚至是痛苦，难道你就没有想过要动用它吗？"

管玉摇摇头："皮皮的事，是我这十多年来唯一一次想动用这笔钱。除此之外，我再没有想过。最难的时候，我每天只靠2元钱买4个馒头填饱肚子，住在每个月90元的地下室里，甚至连看书都得跑到路灯下'借光'。可即使如此，我也没有想过要动用这笔钱。我甚至从来没有拿着它到银行去过，因为我怕控制不住自己。如果我因为一个理由动用了这笔钱，接下来就会有一千个一万个理由。就算是一次只取10块钱，我也会很快就把它取光的。”

管玉停下来，喝了一口咖啡，然后说：“这张存折对我来说，并不单单只是一笔钱，而是一种依靠，一种安慰，甚至是一种精神支柱和心理防线。那时候，我毕竟还是个孩子，需要有个人站在我的身后。这笔钱是爸爸的命换来的，而在我看来，它就像是爸爸。每当我遇到困难的时候，我总会想，我还有它呢！只要把它拿出来，摸一摸，看一看，它就真的会像爸爸一样，给我信心给我勇气，让我咬紧牙关，再坚持下去！虽然直到今天，我也没有花过这上面的一分钱，可是事实上，我从它上面支取出来的，远比它的面额要多得多！如果没有它，我真的不知道自己能不能走到今天。你明白我的意思吗？”

我点点头：“我明白。”我看了看管玉：“可是，你今天约我出来，是不是有什么特别的原因呢？我们认识两三年了，我不敢说十分地了解你，但我知道，如果没有事情，你是不会约我出来的。”

管玉忽然指了指那张存折，“你知道现在这上面有多少钱了吗？”

我想了想：“这上面应该有不少利息了吧？十多年前利息还很高的。”

管玉笑了一下，笑容有些古怪。我问她：“怎么啦？”

管玉说：“其实这上面一共只有几十块钱！”

我愣住了：“怎么会？”

管玉说：“我也是昨天才知道的。昨天二姑家的奎哥到我那儿去了，非要给我留下5万块钱，说他这几年搞养殖挣了不少钱。可我怎么能凭白要他的钱呢？而且，我现在真的也不缺钱花了。后来他被我逼得没办法，才告诉我，这 5 万块钱是二姑让他拿来给我的。其实，这存折上的钱，早在 10 多年前就被二姑偷偷取出来，给奎哥治病了，只留了 10 块钱在上面。这后面的几个零，都是二姑找人打印上去的。”

我一时无语。

管玉看看我：“大作家，怎么不说话了？”

我看了看她：“你想让我说什么？我想，在知道了真相之后，你恐怕也不知道该说些什么好吧？”

管玉说：“被你说中了。知道了真相之后，我再没有跟奎哥说过一句话，后来二姑打来电话，我也没有接。不是我不想说，也不是我不肯原谅二姑，我只是，不知道该说些什么好。”

我说：“这也是你今天约我出来，跟我说了这么多的原因。”

管玉点点头。

我问她：“怎么样，现在心里舒服些了？”

管玉说：“舒服多了。”

我小心地把那张存折合好，递给她：“好好收着吧，虽然这上面只有几十块钱，而且永远也取不出来了，但它实在是你的一笔财富。”

管玉说：“是啊，是一笔可以享用终生的财富！”

从咖啡厅里出来，我忽然想起一个问题：“对了，管玉，你每天主持‘人人有故事’的栏目，为什么不把你的故事也讲给大家听呢？”

管玉说：“我的故事，太普通了。”

我说：“好的故事之所以可以打动人，并不一定是因为它有多么曲折离奇，而往往是因为它是真实的。如果你愿意，我可以把你的故事写出来。也许，你的故事也可以变成许多读者的财富。”

管玉说:“是吗?”

这时候,管玉的手机响起来。管玉看了一眼来电号码,犹豫了一下,又看了我一眼。我明白了,那是她二姑的电话。我没有做声。清冷的月光下,管玉的手机响了许久。

管玉把手机举到耳边,却忽然问我:“你说,如果我早几年或者早10年知道了这真相,会怎么样?”